신앙체험에세이

# 그 품에 안겨

## 그 품에 안겨

| | | | |
|---|---|---|---|
| 글쓴이 | 이수봉 | 펴낸이 | 김명순 |
| 발행일 | 2011년 11월 25일 | 펴낸곳 | 도서출판 하늘 |
| ISBN | 978-89-963206-9-2 03200 | 등 록 | 406-2009-00050호.(2009/07/16) |
| 가 격 | 9,500원 | 주 소 | 경기도 파주시 광탄면 분수리 350-3 |
| 총 판 | 하늘유통-(031)947-7777 | 전 화 | (010) 8991-5262 |

### 미주본사

**Haneul** 도서출판 하늘 (구 광야)
PO Box 5385 Hacienda Heights, CA 91745 USA
**Tel** (626)789-1301  **Fax** (800)813-6327
**E-mail** kwangyamag@hanmail.net

※ 본서를 허락없이 복제하거나 전제하는 것을 금합니다.

# 그 품에 안겨

저자 | 이수봉

하늘

책머리에

# 기왕이면-

　요즘은 복고풍이 유행이다. 먹는 것도 그렇고, 입는 것도 그렇고, 노래 또한 그렇다. 그래서 시장에서는 벌래먹은 야채가 농약을 안 쓴 증거라 하여 인기 절정이고, 노래도 일명 쎄시봉 가수들이 다시 뜨며 60년대 70년대 흘러간 노래가 새로운 돌풍을 일으키고 있다.
　세상이 너무 빨리 달리다보니 잠시 과거를 뒤돌아보는 건지, 너무 세상이 어둡고 칙칙해서 맑고 투명한 옛것들이 그리운 건지 모를 일이다. 확실한건 허세와 가짜가 득실댈수록 사람들은 진실과 솔직과 진솔함에 목말라 한다는 것이다. 그래서 책 한권을 읽어도 잡다한 군더더기나 그럴싸한 그림씨나 형용사가 없는 진솔한 글을 좋아하는가보다.
　나도 그런 글을 쓰려고 노력한다. 아니, 생활 자체, 삶 자체를 단순하고 진솔하게 살려고 노력한다. 그래야 진정으로 진솔하고 투명한 글을 쓸 수 있기 때문이다. 그래서 고민도 없고, 걱정은 더더군다나 없고, 욕심도 없이 주어진 환경에 만족하고 주어진 일에 행복한 사람이려고 노력한다.

그런데 다행히도 주님의 품에 안길 때부터 나는 이미 그런 사람이 되어져 있다. 그래서 감사한다. 해서 좋은 책을 쓸 수 있으리라 믿는 것이다. 따라서 독자들에게 좋은 유언을 남기리라는 생각이다. 내가 쓰는 글들은 모두 유언으로 세상에 남기는 책들이기 때문이다.

20여 년 전부터, 나는 모든 욕심으로부터 자유로워졌다. 세상 모든 걸 내려놓았다. 글자 그대로 빈 마음이 되었다. 그러나 그건 거저 된 게 아니었다. 아주 비싼 값을 지불하고 오늘의 이 평안, 이 행복을 차지한 것이다.

나는 대대로 불교 집안에서 자라 철저한 불교도였다. 사업도 잘 풀리고 몸도 건강하고 가정도 안정되니 그야말로 통상적인 생활에 실증이 날 정도로 교만해져갔다. 그러다 갑자기 그 모든 것이 사그라지기 시작했다. 50여년 일구어 놓은 탑들이 흔들대며 모두 무너지고 있는 것이었다. 쌓아올리는 건 오래 걸렸는데 허물어지는 건 눈 깜빡할 사이였다.

말이 좋아 사기당한 것이지 사실 따지고 보면 자업자득이었다. 돈에 눈이 멀어 더 벌고, 또 벌고, 쌓고, 더 쌓으려고 날뛰었고 가정이 날아가고, 건강이 날아가고, 무너져 내려앉는 사업체는 아예 보이질 않았다. 그때 나는 평상시 내가 믿음처럼, 신념처럼 여기던 인생철학대로 '자살'을 결심했다. '이렇게 살 바

에는 내 50평생을 차라리 접고 말리라.'

바로 그때 하나님이 나의 손을 잡아 주셨고 나는 주님의 아들로서 다시 태어났다. 나는 완전히 나 자신을 내려놓고 그의 품에 전폭으로 안겨버렸다.

나의 인생은 변하고 생의 목적 또한 변했다. 그럴 수밖에 없는 것은 내 안에 욕심이 없어졌고, 가슴 저 밑창에서부터 기쁨이 샘솟듯 일고, 입에서는 찬양이 흘러넘쳤다. 그야말로 앉으나 서나 주님 생각뿐, 세상 모든 것을 내려놓고도 마음은 천국이고 부자처럼 뿌듯했다.

이건 누가 시켜서 되는 일이 아니다. 나처럼 고집 세고, 욕심 많고, 승부욕이 강한 사람이 누가 시키고 연습해서 이렇게 변할 수는 없는 노릇이다. 가슴속에서 하나님이 나를 만져주시고 고쳐주시고 작업을 하신 때문인 것이다.

하여튼 나는 그때부터 사람이 싹 변했다. 미국 조용한 시골 마을에서 조그마한 모텔을 운영하며 살고 있는 나는 글자그대로 날마다 즐겁고 행복하다. 아침 햇살을 받으며 찬양으로 시작되는 나의 일상은 단조롭지만 막강하고 능력 충만한 하나님을 마음에 모시고 사는 관계로 내 사전에는 권능과 말씀과 은혜만이 존재한다.

텃밭을 가꾸며 강아지가 뛰노는 소박한 시골 특유의 정서를 맛보며 가난하고 오갈 데 없는 착한 미국인들과 함께 호흡하노라면 그 옛날 생존경쟁에서 허덕이던 욕심꾸러기 인간 군상들의 모습이 떠올라 픽 웃음이 난다. 아마도 내 것 한 점 없어도 이 가슴 뿌듯한 마음의 부자로 행복할 수 있는 건 우주만물의 주권자이신 주님이 내 편이시기 때문이리라.

그리고 그런 좋은 마음으로 마음을 묶어 원고를 다듬고 고르노라면 이 또한 기쁨의 경지를 뛰어넘은 희열이다. 비싼 값을 지불하고 차지한 경험이기에 내 생활엔 늘 힘이 있고, 몸소 체험으로 얻는 하나님의 은혜와 찬양이기에 생명이 있고 부요가 있는 것이라 생각한다.

그 시너지로 시집을 만들고, 수필집을 만들고, 수많은 체험신앙집을 만드니 그 역시 힘 있는 책이 되리라 나는 믿는 것이다.

바라기는 그 책들을 만나는 독자들 모두가 나를 변화시키고 나를 행복하게 만드신 그 하나님을 만나게 되기를 간절히 바라는 것이다. 그리고 기왕이면 그 품에 안겨 인생 전체를 의지하시고 승리하시기를 진심으로 바라는 것이다.

  - 일리노이 집무실에서   저자 이수봉 -

# Contents

책머리에 | 기왕이면- · · 4

## 첫사랑

"최고 속도로 나는 중입니다" · 14
고추말리기 · 17
집 사기 · 20
마음속의 비밀 · 23
첫사랑 · 26
중독 · 29
물고 · 32
분노조절 · 35
일체유심조 · 39
사랑에 대한 묵상 · 42

45 · 성공으로 가는 길
48 · 스트레스에 대한 묵상
51 · 세상 이치
54 · 대화
57 · 실패에 대한 묵상

## 흔적

사랑의 찬가 · 62
최고의 행복 · 66
풋대를 바라보는 삶 · 69
흔적 · 72
선행 · 75
생활의 방편 · 78
영원한 준비 · 82

## 버리기

88 · 행복한 사람
92 · 행복에 대한 묵상
97 · 죽음의 신비
100 · 부활
102 · 아름다운 죽음
105 · 성공은 속도가 아니고 방향이다

버리기 · 108
"나의 뇌를 분석해 주세요" · 111
시간 · 113
축복의 통로 · 116
감사 · 118
"주님, 제 영혼을 맡깁니다" · 120
꼭 한번 만나고 싶다 · 122
유언 · 125
인생 · 129
복 받는 비결 · 132

## CHAPTER 4
## 기도의 마일리지

140 · 새로운 깨달음
143 · 사랑과 용서
146 · 고난의 의미
149 · 십자가의 사랑과 자유
152 · 예수 비자
155 · 불안 · 염려 · 두려움

마음의 평화 · *158*

복 있는 자 · *161*

기도의 마일리지 · *164*

날 찾아오신 주 · *168*

아름다운 신앙 · *174*

**CHAPTER 5**

내 삶의 몫

*180* · 여호와 이레

*183* · 내 삶의 몫

*186* · 주님을 부르십시오

*189* · 생명의 근원

*192* · 아기로 오신 예수

*195* · 예수님 때문에

*198* · 예수님을 만나면

*200* · 하나님의 방법

*202* · "이형! 예수 한번 믿어보십시오"

# CHAPTER 1
## 첫사랑

## "최고 속도로 나는 중입니다"

　　제2차 세계대전에 참가하여 태평양을 향해 발진한 한 공군 조종사에게 통제관이 무선으로 물었다.
"자네, 지금 어디로 가는가?"
조종사가 대답한다.
"잘 모르겠습니다. 하지만 지금 최고 속도로 나는 중입니다."

　　어느 신앙잡지를 읽던 중 이 글을 발견하고 나는 눈이 번쩍 뜨였다. 왜냐하면 이 짧은 글이 현대를 사는 우리들의 삶을 너무나 적나라하게 표현하고 있기 때문이다.
　　사실 요즘은 어른 아이 할 것 없이 모두가 너무나 바쁘다. 아이는 아이대로 이것 배우랴, 저것 배우랴, 이 운동, 저 운동, 사실 어른들보다도 더 바빠서 할아버지나 할머니가 손자들을 보러 가서도 하룻밤을 자야 겨우 손자 얼굴을 볼 수 있는 시대가 되었다. 애들이 일찍 나가고 늦게 집에 들어오니 그 집에서 잠을 자지 않는 한 사랑하는 손자를 만날 수가 없다는 얘기이다.

어른들은 또 어떤가? 바쁘다 못해 비상시대다. 애들을 키우는데 돈이 많이 들기 때문에 부부가 함께 벌어야 하는 비상에 걸린 것이다. 아버지들은 말할 것도 없고 어머니들도 가사도우미, 병실도우미, 청소도우미 등 신종 단어들을 만들어낼 만큼 바쁘게 뛰고 뛴다. 그만큼 뛰고 헐떡이는 바쁜 부모들의 시대가 온 것이다. 그뿐이 아니다.

성범죄, 유괴범, 교통지옥 등에서 자식을 지키기 위해서 또 비상이다. 그래서 애들은 목이나 손에 핸드폰 하나씩을 무슨 필수품으로 챙기고 다닌다. 그러면서 수시로 부모와 연락을 한다. 학교 교문을 나서는 순간부터 그날 일정에 따라 학원이며, 태권도장, 무용, 음악 등을 배우러 부모가 가라는 대로 뺑뺑이질을 한다.

돈 걱정 없는 팔자 좋은 부인들도 바쁘다. 무슨 모임이 그리도 많은지 식당에 모인 손님들의 대다수가 가정주부들이란다. 자동차로 자식들을 실어 날으느라고도 바쁘다. 하여튼 누구나 매일매일이 눈코 뜰 새 없이 바쁜 일상이다.

땅따먹기, 재물 쌓고 모으기, 쾌락놀이, 유흥놀이, 성 놀이, 음주놀이 등등… 그야말로 바쁜 것도 각양각색이다.

그런데 바쁜 것도 그 목적이 있어야 한다. 바쁘게 뛰면서 아이들을 위해 시간을 바친다면 그 아이들을 어떤 일꾼으로 만들려는 건지, 왜 돈은 벌며 왜 내가 바빠야 하는 건지, 왜 이 모임 저 모임으로 뛰고 있는지, 왜 날마다 맛좋은 유명 식당을 찾아 헤매는지 그 목적이 분명해야 하는 것이다.

그러나 엄밀히 따지면 왜 바빠야 하는지, 무엇 때문에 바쁜지 그 이유를 모르고 무조건 바빠서 뛰는 바쁜 사람들이 비일비재하다. 결국 세상 떠날 때 단 한 가지도 가져가지 못하는 헛되고 헛된 것들인데… 그런데 안타깝게도 그것들이 모두 헛된 것이라는 걸 알았을 땐 이미 늦은 때이다.

정말로 우리는 왜 이토록 바쁜 것일까? 왜 살고, 무엇 때문에 사는 것인가? 삶의 의미와 목적과 방향도 모르고 그저 무조건 바쁘게 바쁘게 어디로 달리고 있는 것일까?

"최고 속도로 나는 중입니다" 과연 내 귀한 인생을 그렇게 허비해서야 될 법이나 한 일인가?

## 고추말리기

한 달 이상이나 계속되는 불볕더위에 만물이 다 타들어간다. 텃밭에 심어놓은 오이며 호박이며 가지며 고추며 다 어깨가 축 늘어져있다. 하여 무더위에 지친 피곤한 몸을 이끌고 오늘도 물을 준다. 갈증을 이기지 못하는 어린생명, 초목들의 어깨를 추스르기 위함이다.

"이 정도로 놈들이 해갈이나 할까?"

"한 놈도 빠뜨리지 말아야지."

혹시라도 하고 뒤돌아보면 빠진 놈들 소리친다.

"왜 나 물 안줘요?"

조금 덜 준 놈들 소리친다.

"왜 난 조금 줘요?"

귀여운 투정들이다. 말을 하지 못하는 어린 초목들이지만 생명과 생명의 교감은 하나님의 숨결로 통한다.

"그래, 너희들 내가 왜 이러는지 알지? 어서 씩씩히들 자라서 좋은 열매를 많이많이 맺어달라고…"

그때 돌연히 내 귀에 조용히 속삭이는 하나님의 음성이 있다. "그래, 그 재미 어때? 이제 너도 내 마음 알겠지?"

나를 돌보시는 하나님의 마음을 알 것 같다. 그런 부모의 심정으로 돌아가 잘 익은 고추를 딴다. 집 주위 텃밭에서 조심조심 거둔 고추가 주차장 모서리에 정성스레 널린다.

피 같이 붉은 고추, 보기에도 아름다워 지나던 길손들이 발길을 멈추고 뭔데 이리도 아름다운가고 경탄이다. 가짜가 판을 치는 세상이라 그럴까. 정성들여 키운 고추며 오이며 가지나 호박 같은 농산물을 지금 사람들은 아름답다 한다.

가을의 산들바람과 따가운 햇볕에 설익은 붉은 고추가 널리고 또 널린다. 그리고 말리고 또 말린다. 드디어 아름답고 질 좋은 태양초로 거듭난다. 그래서 맛깔스런 건강김치 만들어준다.

미국사람은 절대로 모른다. 이 좋은 건강식, 우리가 좋아하는 고추 맛을….

날 적부터 영혼 속에 은밀히 숨었다가 성령의 검에 들춰진 보이지 않는 죄, 마음 텃밭 모서리에 붉은 고추로 널린다. 피보다 더 붉은 악하고 독한 죄, 사람 속에 숨어서 온갖 행패 다 부리고 사람마다 타락시켜 지옥으로 이끄는 놈, 붉은 죄.

이 세상 모든 것, 그 무엇도 절대로 절대로 씻어내지 못하는데 오직 예수의 피, 십자가 보혈만이 그 붉은 죄를 맑히 씻는다. 예수를 믿는 진솔한 믿음만이 그 죄를 흰 눈처럼 양털처럼 희게 만든다.

　　고삐 풀린 망아지, 사나운 육체가 비로소 신령한 하나님의 전으로 거듭나는 순간이다.

## 집 사기

　살 집이 있는데 아내가 또 집을 사잖다. 남편인 나를 신뢰할 수 없으므로 새 집을 사서 그 집에다 노후보장을 위한 안전장치를 해야만 마음이 든든하고 속이 편안해지겠단다.
　나는 충고했다. 그대의 노후보장 장치는 이 세상의 집이 아니라 첫째는 하나님이요, 둘째는 남편인 '나'라고. 그래도 아내는 막무가내다.
　비단 집뿐이랴, 금이나 증권이나 보험이나 무엇이든 사람들은 천년만년 살 것처럼 재산을 늘리고 집을 꾸미고 땅을 사 모은다. 마치 이 세상에 땅따먹기를 하러온 사람 같다.
　그러나 임종을 맞게 되면 누구나 느끼게 되는 것은 단 한 가지다. 단 한 푼도 가져갈 수 없다는 사실을. 아니, 오히려 재산 때문에 형제간에 의가 깨지고 일가친척 간에 금이 가서 왕래조차 안하고 사는 경우가 많다. 그 누구도 임종을 앞둔 사람은 욕심을 내지 않는다.

그래서 수의엔 주머니가 없는가보다. 다이아몬드나 금덩이를 넣어준들 소용이 없으니 주머닌들 필요하겠는가? 넣고 갈게 없으니 아예 주머니를 만들지 않는 것이리라.

누구라도 이 세상 물질에 아무 소망이 없다는 사실을 죽음직전에는 알게 된다. 이 세상의 것들은 그 무엇도 우리 영혼의 갈증을 풀어주지 못한다. 그러므로 우리가 세상 근심과 욕심을 앞세울 때 그것들은 가까이서 우리의 눈을 가리고 멀리 천국의 복락을 보지 못하게 한다.

우리의 영원한 보장은 이 땅에 있는 것이 아니라 하나님께서 예비해놓으신 저 천국에 있다. 천국의 저 아름다운 집들과 무진장 쌓여있는 저 보화와 복락이 과연 누구의 차지가 될 것인가!

천국은 침노하는 자가 빼앗는다고 했다. 그러므로 우리는 이 땅의 작은 것들에 정신 뺏기지 말고 믿음의 눈을 가지고 저 멀리 천국을 바라봐야 한다. 이 땅의 하찮은 것들을 뛰어넘어 하늘로 쳐들어가자. 그리고 그곳에 무진장 쌓여있는 저 천국 보화와 저 영원한 천국복락을 쟁취하자.

하나님께서는 누구든지 정당한 방법으로 먼저 침입하여 먼저 차지할 것을 권면하고 계신다. 그러므로 우리는 천국집의 그림자인 이 세상이 아니라 저 멀리 천국에 있는 황홀한 맨션, 영원히 살 우리들의 거룩한 보금자리, 하나님께서 예비하신 영원한 본향집에 큰 욕심을 내자. 큰 소망을 갖자.

　그리하여 한시적이고 일시적인 세상 승리자가 아니라 죽음 넘어 영원무궁한 천국까지의 영원무궁한 인생 승리자가 되자.

# 마음속의 비밀

 - 옛날에 한 농부가 메마르고 단단한 박토의 토지를 소유하고 있었다. 아무리 쉴 새 없이 땅을 갈고 농사를 열심히 지어도 그 땅에서는 겨우 식구들 먹고살 정도의 곡식밖에는 생산이 되지 않았다. 그러던 어느 날 그곳을 지나가던 한 광부가 그 농부에게 이렇게 말했다.
 "당신은 이 땅에 농사를 짓느라고 황금보석의 산을 밟기만 하고 있습니다. 이 바위 밑을 깊이 파면 보물이 있습니다."
그래서 농부는 바위를 제거했다. 그리고 그곳을 파들어 갔다. 그랬더니 그곳에는 놀랍게도 정말로 땅속 깊이에서 금광이 터져 나왔다. 가난했던 농부는 하루아침에 부자가 되었다. -

 동화 같은 이 이야기는 결국 '돈'에 대한 인간의 환상적인 그리움내지는 소망을 시사 하는 얘기이다.

사람마다 각 가정마다 귀한 보물, 혹은 가장 중요시하는 귀중품이 있다. 그것이 현금이든, 보석이든, 증권이든, 부동산이든, 은행통장이든 간에 내용은 달라도 그 귀중함의 농도는 모두가 같다.

사람마다 또 생각하기 나름대로 각기 귀중한 재산으로 치부하는 내용이 다르지만 결국 바라는 바는 물질, 즉 '돈'에 국한되는 게 사실이다. 엄밀히 말하면 돈은 우리가 살아가는데 꼭 필요한 생활수단이다.

그래서 개인이나 국가나 돈을 벌고 쟁탈하기 위해 뛰고 달리는 것이다. 그것 때문에 개인으로부터 부부간, 일가친척 간, 나라 국가 간에 분쟁도 일어나고 심지어는 전쟁도 일어나는 것이다.

요즘은 정치가는 물론 군인, 교수, 판검사, 말단 경찰까지 돈 때문에 평생 쌓아올린 자리에서 쫓겨나 제복이나 가운을 훌훌 벗는 모습이 매스컴을 통해 종종 보여진다. 정말로 안타까운 일이다. 어떻게 쌓아올린 자리인데 그렇게 그 지경까지 삽시간에 뚝 떨어지는 건지…

차라리 부끄럽기까지 하다. 왜 무엇 때문에 그렇게 되었을까? 죄질의 차이는 갖가지로 나타나지만 사실 결론은 한 가지, 삶의 가치관이 잘못되었기 때문이다.

돈은 사람이 살기 위한 수단으로 꼭 필요하지만 그것이 사람을 쥐고 흔들어 높이기도 하고 끌어 내리기도 하고 심지어 자살까지 몰고 가는 위력으로 쓰여지면 참으로 곤란한 일이다.

결국 돈은 보물이 아니라는 얘기이다.

그러면 진짜 보물은 무엇일까? 생각만 하면 기쁘고 행복한 게 보물이다. 그리고 내 인생을 마감할 때는 나를 이끌어 천국까지 인도해줄 만한 가치가 있는 것, 바로 그것이 진짜 보물이다.

그 보물! 예수 그리스도!

그 분을 가슴속에 모시고 사는 사람은 언제나 어디서나 마음의 천국을 이룬다.

# 첫사랑

― 아득한 기억속의 오솔길로 총총히 멀어져 가버린 그대! 빛바랜 추억의 앨범 속에서 당신을 끄집어내 봅니다. 이젠 기억조차 아련할 뿐이라고 머리 흔들곤 했는데 꽃다웠던 그대 모습이 왜 아직도 내 가슴을 설레게 하는지 모르겠습니다.

천진했던 학창시절, 안타까운 추억의 한 토막으로 접었건만 아직도 그대의 향기가 내 주위를 이렇게 맴돌고 있습니다. 아직도 황홀하고 가끔은 얼굴 붉어지곤 합니다.

이미 잊기에도 충분한 세월이 흘렀건만 왜 그대 생각으로 잠 못 자게하고 왜 그대 위해 기도하게 하는지요?
그때 당신 가슴에 지피지 못한 내 마음속의 불씨가 아직도 조용한 불길로 타고 있다고 하면 웃겠지요. 오늘따라 몹시도 그립군요. 한없이 보고 싶고… ―

사랑이란 이름의 실바람이 마음속 갈대밭을 조용히 일렁이면 고교시절 사춘기의 추억은 내 영혼의 심연에 깊이 잠든 붉은 스웨터 소녀의 기억을 일깨운다.

어느 날 전차 안에서 한 소녀가 입었던 붉은 스웨터, 그 붉은 정열, 그 강열함이 나의 이성을 사로잡고 말았다. 그 후 우연히 찾아갔던 어느 집에서 서글서글 시원스런 눈망울의 한 여인, 붉은 스웨터가 거기 있었다.

훌쩍 키가 큰 그 사람! 그때 나는 왜 그 여자 앞에서 왜 그렇게도 작고 왜 그토록 한 없이 어리고 왜 또 그토록 주눅이 들었을까?

그녀 앞에선 아무 말도, 아무 것도 할수가 없었다. 그런데 마음은 하늘만큼 마냥 들뜨고 날마다 그녀로 인해 황홀했다. 눈을 감으면 늘 스웨터에 적당히 가리워진 그녀의 시원하게 생긴 동그란 눈매가 떠올라 내 얼굴을 달아오르게 했다.

그러던 어느 날, 청천 벽력같은 소식이 내 귀를 찌르고 내 가슴에 아픔을 가했다. 아니, 아직 나는 그에게 조금씩 불붙고 있는 나의 모습을 내보이지도 못했는데… 내 마음도, 내 감정도 전하지 못했는데…

그런데 친척 형으로부터 전해들은 슬픈 소식! 그 어여쁜 여인이 가난을 비관, 그만 자살을 하고 말았단다. 너무나 끔찍한 소식이다. 아니, 이럴 수가 있단 말인가! 이건 너무나 가혹한 일이다.

　수줍음 많은 나는 차마 아무에게도 나의 가슴앓이를 내보이지 못했다. 그냥 끙끙 앓았다. 안타까웠다. 그땐 왜 그리도 모두들 가난했는지…

　50년이 지난 지금, 그녀가 내 속에 아쉽게 자리하고 있다가 가끔씩 참으로 안타깝게 생각이 난다.

　첫사랑이었기 때문일까?

　내 사춘기 이성의 눈을 뜨게 해준 여인이기 때문일까?

　전도를 해서 자살을 막아주지 못한 아쉬움에서일까?

　그때 내가 크리스천이었다면 막을 수 있었을 텐데…

　아쉽다! 하여튼 오늘따라 그녀가 무척 그립고 보고 싶다.

# 중독

 중독은 무엇에든지 한 가지 것에 집착하는 것이다. 사람에 따라 또는 취미와 성격에 따라 다르지만 중독이란 결국 낮은 단계의 집착에서 높은 단계로 점점 발전해 가는 심각한 정신이상 증세이다.
 요즘은 머리 쓰는 일이 많은 시대이기 때문인지 머리가 아픈 사람들이 많다보니 그에 따른 약도 다양하고 그 약을 한시도 떨어뜨리지 않고 갖고 다니며 먹는 사람들도 많다. 심지어는 커피나 청량음료가 두통약이나 되는 것처럼 항상 손에 들고 다니며 마시는 사람들도 많다.
 뭔가 손에 가지고 있어야 마음이 편하다는 것 자체가 중독이다. 눈에 영양제를 넣는 것도 중독이 되어 반짝거리는 눈동자를 만들기 위해 갖가지 눈 영양제를 시도 때도 없이 넣는 사람들도 많다. 눈 영양제는 숙녀들은 물론 어린 중고등학생들도 경쟁이나 하듯이 가방에 넣고 다닌다.

사실 중독이라고 하면 그 대표적인 것으로 누구나 잘 아는 대로 담배중독, 알코올중독을 떠올린다. 물론 마약중독이 있겠고 또 노름중독, 섹스중독도 있다. 여자를 보면 언제 어디서나 침을 질질 흘리는 남정네들의 근성도 분명 중독이다. 그들은 자기 나이도 잊는다. 60인지 70인지도 잊고 어린 장애인들도 건드린다.

요즘 신문지면을 뒤덮고 있는 한국 지방 대도시의 장애인특수학교에서 벌어진 성폭행사건은 인간이기를 포기한 파렴치한들의 성중독이다. 장애인이라 지켜달라고 맡겼거니 그 교사들이 그들을 농락하다니 인간 말종 아닌가! 눈뜨면 마주치는 아파트 경비가 5-6년간이나 같은 아파트 장애아동을 지하 창고나 경비실에서 성폭력 했다는 보도를 접한 시민들의 분노는 드디어 폭발했다. 정말 소돔 고모라성의 멸망을 불러올까 두렵다.

그런가하면 심지어는 거짓말중독도 있고 약중독이나 쇼핑중독도 있다. 그리고 생각 외로 일중독에 걸린 사람들도 참 많다. 일중독자는 자다가도 전화 한 통에 뛰어나가고 밥을 먹다가도 일을 위해 뛰어나간다.

일중독자들은 일의 종류도 따지지 않는다. 회사일은 물론이고 회사 동료들의 대소사 일에도 밤낮 없이 일일이 뛰어다닌다. 심지어는 사돈의 팔촌의 회갑, 진갑, 이웃집 청소도 마다 않는다. 물론 자기 집에선 피곤하다고 TV앞에서 뒹굴고 일은 털끝 하나 건들지 않는다. 이건 아주 중병이고 나쁜 병이다.

열거한 대로 중독은 종류에 제한이 없다. 그런데 중독은 어떤 종류 여하를 막론하고 거의 모두 큰일 날 나쁜 중독들이다. 한 번 걸렸다 하면 신체파멸 정신파멸 영혼파멸의 선봉이요, 영원한 지옥형벌로 떨어지는 지름길이다. 고로 이런 중독은 종류 여하를 불문하고 빨리 회복되고 치유돼야할 질병 중의 질병이다.

그런데 좋은 중독도 있다. 내가 말하려고 하는 중독도 이 좋은 중독에 관해서다. 좋은 중독은 타고난 사람만이 할 수 있는 중독이다. 대표적인 중독은 유머중독, 웃음중독이다. 이건 수많은 현대인들이 바라고 원하는 바지만 아무나 흉내 낼 수 없는 특별한 은사다. 자기 자신을 살리고 남을 살리고 이웃과 사회를 밝히는 중독이다. 유머중독은 우울증도 살리고 가슴앓이도 고치는 좋은 중독이다.

또 다른 좋은 중독은 성령중독, 독서중독이다. 이런 중독은 정신건강이나 인간관계에 좋은 중독이요, 너와 나 모두에게 기쁨과 유익을 주는 중독이다.

특히 성령중독은 우리들의 이 세상팔자뿐 아니라 천국까지의 영원한 팔자도 모두 고쳐주는 신비와 기적의 중독이요, 이보다 더 좋은 중독은 세상천지 그 어디에도 없다.

## 물꼬

한 여름 가뭄과 뙤약볕에 타들어가는 벼를 살리기 위해서는 논에 물을 대야 하고 물을 대려면 물꼬를 터야한다. 물꼬를 터서 논에 물이 들어가야 타들어가는 벼도 살리고 계속적인 벼의 성장과 장래의 알곡 수확도 가능해진다.

그래서 물꼬는 바로 생명이고 성장이고 수확인 것이다.
지금은 많이 달라졌지만 옛날에는 시골에서 논에 물대기를 하며 이웃과의 싸움이 자주 벌어지기도 했다. 자기네 논에 물을 더 많이 주기 위해서 위에서 둔덕을 막아 물꼬를 막았기 때문이다.

아랫녘에 있는 논에 물이 흐르도록 위의 물꼬를 터야하는 게 시골 농토의 풍경이다. 그래야 아랫집 논에도 물이 흘러들어가 풍성한 수확을 올릴 수 있는 것이다. 그런데 물꼬를 막고 욕심을 부리면 아랫집 논엔 물이 말라붙고 아랫집은 그해 수확이 없어진다.

비단 물뿐이랴! 홍수가 나거나 화재 혹은 각종 재난으로 인해 부득불 정부나 봉사기관을 통해 구호물품을 받는 경우가 있다. 그런데 그때도 그 어려운 사람들에게 가는 물꼬를 막고 있는 얌체들이 있다.

대개 직접 어려운 사람들에게 구제물품을 나눠주지 않고 기관의 중견인을 통해서 돈이나 물품을 주는데 문제는 그 중간에 있는 사람이 일부는 떼어 먹고 주거나 아예 중간에서 모두 먹어 버리는 경우도 있다.

홍수참사성금, 폭동성금, 지진참사성금, 불우이웃돕기성금, 소년소녀가장돕기성금 등등. 실로 남에게 가는 물꼬를 막아 자기에게 돌려 수확을 챙기는 일이 있다는 것이다. 정말로 어이없는 일이다. 그걸 먹고 얼마나 배부르게 살 것인가? 이건 역사를 거스른 반역이다.

마찬가지로, 하나님의 피조물인 인간에게는 하나님의 법칙이 물꼬이다. 왜냐하면, 하나님의 법칙에 의하여 하나님의 마음과, 생각과, 말씀과, 계명이 나를 지배하고 나를 통하여 실현될 때 하나님의 능력과 축복이 주어지기 때문이다.

그러므로 하나님의 법칙은 나를 살리는 물꼬며, 생명이고, 축복이며, 능력인 것이다. 그것은 인간은 누구나 하나님의 법칙에 따라 살도록 하나님께서 의도적으로 설계하고 창조하신 하나님의 특별한 피조물이기 때문이다.

 그러면 나는 누군가에게 물꼬를 터주는 사람일까? 아니, 누군가에게 들어가는 물꼬를 막고 있지는 않을까? 진지하게 생각해 볼 일이다. 심지어는 천국 문에 서서 나도 들어가지 못하고 남도 들어가지 못하게 막고 서 있지는 않은지 깊이 자각해야 한다.

 행여 나도 모르는 사이에 누군가가 나 때문에 교회를 떠나거나 예수를 믿지 않겠다고 한다면 그 또한 천국의 물꼬를 막는 일이다.

# 분노조절

　어느 시대에 있어서나 사람이 사는 인간관계에 있어서 갈등과 분노는 큰 문제가 되어 왔다. 불신과 불확실의 시대를 살고 있는 요즘은 특히 그러하다.
　너무나 많은 사람들 속에 분노가 가득 차 있어서 조그마한 침에도 푹 터지고 마는 고무풍선처럼 조금만 기분이 상해도 속에 있는 분노가 밖으로 폭발하고 만다. 그리고 그저 말뿐만 아니라 손에 잡히는 살상 무기로 수많은 사람을 향하여 폭력, 폭언, 저주로 한꺼번에 분노를 폭발시켜 큰일을 저지르고 마는 것이 무슨 큰 유행인양 퍼지고 있다.
　이런 상황은 비단 우리나라뿐 아니라 전 세계적인 양상이다. 갈수록 일은 뜻대로 되지 않고 살기는 힘들고 느끼는 것은 나쁜 버릇과 습관, 그래서 폭발하고 마는 것이리라 본다.
　요즘은 분을 참지 못하고 자기 부모에게 욕을 하는 건 예사요, 구타까지 서슴지 않는 패륜아들이 늘어나고 있다는 보도를 접할 때마다 정말 어이가 없어진다. 용돈을 안준다고 자기 어머니를 살해하고 그걸 감추려고 집에 불을 지르는 아들이 있는가하면 거액의 보험을 들어놓고 아버지와 어머니를 1년 간격으로 살해하고 자연사로 경찰에 신고하고 보험금을 타간 딸이 붙들려간 사건도 있다.

치매 걸린 어머니가 부엌의 가스 불을 켜고 끄며 위험하게 군다고 거리로 내몰고 자기네는 집에서 희희낙락하는 자녀들도 있고 돈 때문에 다투는 자녀들 때문에 화를 못 참은 아버지가 자살을 하는 경우도 있었다.

옛날에는 늙으면 며느리 눈치를 보는 시어머니 얘기가 종종 있었지만 요즘은 가장 부모를 학대하는 사람이 아들이라는 보도가 자주 등장한다. 실로 가슴 아픈 일이다.

'아들이 돈을 안준다고 어머니를 구타' '아들에게 돈을 다 빼앗기고 정신병원으로 보내져' '자식에게 누가 될까봐 속사정도 다 말 못하는 부모' 등등 언론을 통해 밝혀지는 소식도 갖가지다. 자식들에게 일찍 유산상속을 해준 부모에게 용돈도 안주고 학대당한 부모가 자기 재산을 다시 되돌려 받으려고 고소를 한 예도 요즘은 빈번한데 이는 무엇을 의미하는지 가슴 저리다.

그러니 알려지지 않고 숨겨진 일들은 얼마나 더 많을지 정말로 우리가 지금 말세를 살고 있는 게 분명하다.

국회의원들도 국정이나 잘할 일이지 툭하면 화가 폭발하여 서로 멱살을 잡고 씨름이나 권투시합을 하듯 싸우는데 이런 경우는 일본이나 중국이나 우리나라나 마찬가지 모습들이다. 요즘은 학생이 자기 스승을 때리는 어이없는 소식도 매스컴을 통해 세상을 놀라게 하기도 하며 부하직원이 상사를 폭행하는 사례나 사장을 목 졸라 죽이고 암매장한 기막힌 경우도 들통 난 적이 있다.

모두 치솟는 분노가 가져온 엄청난 사건사고이다.

그런데 그 중에도 어느 나라 막론하고 부부의 분노가 가져오는 폭행은 참으로 엄청나다. 알려지지 않은 맞고 사는 아내들이 머물고 있는 쉼터엔 언제나 만원이라고 한다.

분노나 화는 습관성이다. 조절하면 조절이 가능하고 참아버릇하면 참을 수 있는 병이다. 그러나 그냥 누르고 참기만 하면 자기 자신에게 독으로 작용해 큰 병을 유발할 수도 있으므로 훈련을 통해 조절해야 한다.

성서에는 분노와 화를 '영적인 독'이라고 지적하고 있다. 이러한 독은 다른 사람을 향하여 폭발시킨다고 해결되는 것이 아니요, 세상의 어떤 약물로도 치료되지 않는다. 오직 믿음을 통하여 하나님 앞에서 내 자신이 변화되므로 독을 빼내는 수밖에 없다.

그러기 위해서는 평소에 신앙 안에서 자신과의 싸움을 통하여 분노의 압력을 조금씩 낮추어 가면서 자신이 스스로 자신의 분노를 조정하고 제거하는 훈련을 쌓도록 해야 할 것이다. 이 훈련을 통하여 자신이 자신을 정화시켜 믿음의 승리자가 될 때 빛나는 하나님의 자녀로, 세상의 빛과 소금으로 세상 사람들에게 하나님의 거룩함을 나타내게 될 것이다.

이것이 믿음의 원리요, 신앙인의 삶이며, 하늘나라를 사모하는 사람의 영원한 승리자가 되는 길이다.

# 일체유심조

　　일체유심조(一切唯心造)라는 말이 있다. 세상의 모든 일은 마음먹기에 달렸다는 말이다.

　　즉 실패를 마음에 품고 생각하고 또 생각하면 실패가 되고, 망한다는 생각을 마음에 품고 계속 그 생각으로 살면 망할 수밖에 없다는 것이다. 병을 마음에 품고 생각하고 또 생각하면 병자가 되고, 아픈 것을 계속 생각하고 염려 근심으로 살면 결국 아픔이 찾아온다는 말이다.

　　이 말대로 하면 도둑질을 마음에 품고 생각하고 또 생각하면 도둑놈이 되는 것이고, 철학을 마음에 품고 생각하고 또 생각하면 철학자가 된다는 얘기이다.

　　그런가 하면 행복을 마음에 품고 생각하고 또 생각하면 행복한 사람이 되고, 비참함을 마음에 품고 생각하고 또 생각하면 비참한 사람이 된다는 것이니 기왕이면 좋은 마음을 품고 살아야 한다.

　천국을 마음에 품고 생각하고 또 생각하면 천국백성이 되는 것이고, 지옥을 마음에 품고 생각하고 또 생각하는 사람은 지옥 자식이 된다.

　그래서 늘 좋은 생각 좋은 마음, 긍정적인 생각 적극적인 사고방식으로 살아야 할 일이다. 성공을 마음에 품고 생각하고 또 생각하면 성공하는 사람이 되는 것이니 늘 성공의 그림을 그리고 큰 것을 꿈꾸며 살 일이다.

　성공이란 하나님이 나에게 허락하신 달란트(재능)를 최대한 개발하고 발전시키는 것이다. 그러므로 이 사실을 마음에 품고 내가 개발하고 발전시켜야 할 것을 생각하고 또 생각하고 실천하다 보면 성공이라는 열매가 맺히게 된다.

　예로서 나와 비슷한 달란트를 가지고 있으면서 성공한 사람을 찾아 본받고자 하는 모델로 삼고 그 사람에 대하여 계속 생각하고 또 생각하며 본받다보면 나도 그 사람처럼 되는 것이다. 결국 이것이 나의 성공인 것이다.

　그래서 어린아이들에게 위인전이나 고전을 읽게 하고 그들을 마음에 새겨 본받고자 노력하도록 지도하는 것이 중요한 것이다. 물론 존경하는 지도자들을 가슴에 두고 그들의 뒤를 따르도록 지도하는 것도 좋지만 과학자니 대통령이니 간호사 의사 등 자기의 비전을 정하고 그 목적을 실현하도록 지도하는 것도 바람직한 일이다.

어떤 마음으로 누구를 본받고 무엇을 마음에 품고 사는지는 성공과 직결되는 것이다.

그래서 성서는 그리스도 예수의 마음을 품으라 했다. 예수님의 마음을 품고 예수님의 뒤를 따라가며 산다면 얼마나 좋을까? 그렇게 살수는 없어도 최소한 그런 목적을 세우고 어질고 착하게 살다보면 열매가 맺어질 것이라는 말이다. 그래서 세상에서 빛과 소금으로 살면 세상에서 꼭 필요로 하는 사람으로 사는 것이다.

하여튼 성공의 열매란 내 마음에 품은 것을 계속적이고 집중적으로 생각한 생각의 결정체요 결과물이다. 왜냐하면 내 속에 계시는 성령께서 나의 생각에 따라 역사하셔서 나를 성공으로 인도하시기 때문이다.

## 사랑에 대한 묵상

소크라테스는 "삶의 무게와 고통에서 자유롭게 해주는 단 한마디의 말은 사랑이다"라고 했고, 괴테는 "우리는 무엇 때문에 멸망하는가? 사랑이 없어서, 우리는 무엇으로 자기를 극복하는가? 사랑에 의해서"라는 유명한 말을 했다.

그렇다. 사람에게 사랑만큼 귀한 보약은 없다.

사랑을 받고 자란 애들은 구김살이 없고, 남편의 사랑을 흠뻑 받고 사는 아내는 얼굴에 윤기가 흐른다. 죽어가는 사람도 누군가의 사랑을 받고 있다는 확신이 있을 때 행복한 모습으로 죽음을 맞는다. 즉 죽어가면서도 행복하다는 말이다.

사랑을 하는 사람도 사랑을 받는 사람만큼이나 행복하다. 사랑하는 이에게 줄 선물을 고르는 연인의 표정은 행복 그 자체다. 사랑하는 사람을 위해 음식준비를 하는 사람의 표정은 천사의 얼굴이다.

결론은 건강하고 오래살고 싶으면 사랑해야 한다. 누구나 사랑하면 할수록 더 건강해지고 더 행복해지고 더 오래 산다.

얼마 전 묵비권을 행사하던 범인에게 사랑으로 다가가 결국 입을 열게 한 어느 형사가 매스컴을 통해 유명인사가 된 적이 있다. 그는 범인을 마치 자기 친구처럼 자기의 고생했던 시절을 얘기하며 범인으로 하여금 동질감을 느끼도록 했다. 그러면서 범인의 처지를 이해하고 사랑으로 범인의 심장을 두드렸다.

결국 범인의 입을 열게 한 그 형사의 유명한 사랑의 심문방법이 새롭게 조명되어 화제를 모았다. 물고문이니 전기고문이니 매고문을 제치고 지독한 범인에게도 마음을 열고 입을 열게 하는 사랑심문은 그 어떤 고문과 위협보다 효과적이라는 게 입증된 것이다. 실로 사랑은 아무리 강조해도 넘침이 없는 말이다.

눈을 안으로 돌려 자신을 위한 사랑의 묵상을 해보자.

- 사랑은 모든 것을 참는 것이다.
- 사랑은 모든 것을 믿는 것이다.
- 사랑은 모든 것을 바라는 것이다.
- 사랑은 모든 것을 견디는 것이다.
- 사랑은 남이 믿지 못하는 것을 믿는 것이다.
- 사랑은 남이 듣지 못하는 것을 듣는 것이다.

- 사랑은 남이 보지 못하는 것을 보는 것이다.
- 사랑은 남이 생각지 못하는 것을 생각하는 것이다.
- 사랑은 영원하다.
- 사랑은 변하지 않는다.
- 사랑은 절대적이다.
- 사랑은 무조건적이다.
- 사랑은 주는 것이다.
- 사랑은 만국인의 공통된 감정이다.
- 사랑은 하나님이시다.
- 인간사 모든 문제의 해답은 인간을 향한 하나님의 사랑 안에 있다.

# 성공으로 가는 길

성공이라는 말을 많이 하기도 하고 또 많이 듣기도 하지만 막상 무엇이 성공인가 정확한 정의를 말하기는 쉽지 않다. 물론 자기가 추구하는 바를 성취했을 때 성공했다고 말할 수 있으리라 본다. 그러나 목표설정이 잘못됐을 경우, 그것이 실현되었다 해도 성공이라고 말할 수 있을까?

도둑놈이 지난밤에 부잣집 높은 담벼락을 떨어지지 않고 무사히 잘 타고 올라갔다고 해서 성공했다고 할수는 없다. 왜냐하면 그 목적은 도둑질이었으니까. 도둑질을 잘 하기 위해서 치밀한 계획을 세우고 밤을 새워 연구를 하고 피나는 노력을 했다고 해서 누군들 그에게 잘했다고, 수고했다고, 박수를 쳐주겠는가?

그런 의미에서 성공이란 건전한 삶의 의미와 목적을 두고 최선을 다하여 그 추구하는 바를 성취했을 때 그것을 성공이라고 말할 수 있으리라 생각한다.

그러면 과연 어떤 사람이 건전한 삶의 의미와 목적을 가진 사람이라고 할 수 있을까?

위대한 꿈과 비전을 가진 사람, 긍정적인 생각을 가진 사람, 하나님의 영광을 위하여 사는 사람이 아닐까 하는 생각이 든다. 그러나 중요한 것은 성공이란 노력 없이 저절로 감나무에서 감이 뚝 덜어지듯 오는 것은 아니다.

마치 파도타기를 하듯 물에 서 있다가 파도가 몰려오면 파도에 올라타서 기회를 잡으려고 하는 것은 안 된다는 것이다. 그건 기회주의다. 그런 성공은 쉽게 무너지며 성공을 이룬들 기쁨은 얻지 못한다.

모든 일이 그렇듯이 성공도 착실한 준비과정이 필요하다. 어려서부터 큰 이상을 꿈꾸고 한 걸음씩 그에 준하는 준비를 한다면 그야말로 성공을 향한 완벽한 과정을 걷고 있는 것이리라. 과정이 그토록 아름다우면 이미 성공은 보장되어 있는 것이다. 그리고 성공의 고지에 올라섰을 때의 감격은 완벽이다.

성공을 꿈꾸는 사람들은 우선 자기가 평상시 생각했던 롤모델이 있으면 그를 성공의 이상자로 삼으면 좋다. 훌륭한 사업가, 훌륭한 종교지도자, 좋은 스승 등 그리고 그를 멘토(Mentor)로 삼고 닮기 위해 노력하며 그가 행한 좋은 점을 배우며 나아가는 것이다.

물론 뜻하지 않게 실패하고 좌절할 때도 있겠지만 패했다고 주저앉아 버리면 영원히 성공은 없다. 그러므로 목표를 이룰 때까지 달리고 달려야 한다. 둘레에 성공한 사람, 훌륭한 사람, 좋은 사람과 어울리는 것도 중요하다. 그들과 어울리다 보면 꿈과 이상을 향해 흔들림 없이 달려가는 데 도움이 된다.

영원히 살 것처럼 계획을 세우고 내일 죽을 것처럼 실천해야 한다는 말이 있다. 맞는 말이다. 긍정적인 사고를 생활화하고 성공할 수밖에 없는 가치관, 생각, 마인드를 가지고 내가 선택한 일에 100% 올인 하되 하나님의 도움을 청한다.

성공을 위한 노력은 내가 하지만 그 경영은 하나님이 하시기 때문이다

# 스트레스에 대한 묵상

* 스트레스는 몸 밖에서의 삶과 생활의 일부에서 일어나는 외적 현상에 대한 반응이다. 따라서 살아 있는 자체가 스트레스다. 고로 스트레스와 함께 사는 수밖에 없다.

* 성경에 네 원수는 네 집안에 있다고 했다. 따라서 가족이 다 원수지간이지만 그 중에서도 원수의 일호는 남편이고 아내다. 다른 원수는 차치하고 제일 큰 원수인 남편과 아내가 한 집에서 함께 살기위해서는 이해하고 용서하고 참고 사는 수밖에 없다.

* 적절한 스트레스는 활력을 불어넣는 자극제이다. 고로 스트레스 자체를 너무 두려워할 필요는 없다.

* 스트레스를 덜 받기 위해서는 내가 옳고 네가 틀렸다는 생각을

버리는 것이다.

* 스트레스를 이기고 살기 위해서는 너무 잘 하려고도 하지 말고 너무 잘 보이려고도 하지 말고 평소에 있는 대로 보이고 하고 싶은 대로 하고 살되 정도껏 마음을 비우고 가장 자연스러운 스타일로 가장 분수에 맞는 삶을 사는 것이다.

* 스트레스를 받지 않으려면 상대편에게 일부러 알고도 져주고 속아주고 손해보고 살면서 그들을 위한 봉사와 헌신과 나눔의 삶을 현실화하는 것이다. 남과 이웃을 위한 삶은 우선은 내가 손해보는 것 같지만 나중에 오히려 저축된 축복으로 돌아오기 때문이다.

* 다른 질병과 마찬가지로 스트레스도 미리 예방책을 숙지하고 미리 대처하는 것이 보다 현명한 방법이다.

그 예방책을 나름대로 소개해본다.

- 충분한 수면을 취한다.
- 해소 처방으로 화학약품을 사용하지 않는다.

- 짧은 시간이라도 자기만의 시간을 가진다.
- 일의 우선순위를 정한다.
- 타인으로부터 화급을 타투는 일을 부탁받지 않는다.
- 꼭 필요한 일 외에 여타의 일에는 신경을 쓰지 않는다.
- 삶을 단순화하고 느긋하고 여유로운 믿음을 가진다.
- 신앙을 가지고 위급한 경우에 대비하여 내 영혼의 피난처를 만들어 놓는다.
- 수준 높은 신앙세계의 경지로 들어가는 것이다. 거기서 솟아나는 기쁨과 행복의 샘물을 마시며 가장 즐겁고 행복한 인생을 사는 것이다.

# 세상 이치

　　이 세상에 존재하는 모든 생물은 다 끝이 있다. 언젠가는 늙고 시들고 죽어 없어지기 때문이다. 그러나 사실상 그 끝은 끝이 아니다. 왜냐하면 그 끝에 감추어져 있는 생명의 씨앗이 있기 때문이다.
　　씨앗의 겉모양만 보면 그것은 영구히 죽은 것이다. 그런데 그 씨앗을 땅에 심으면 거기서 새 생명이 나온다. 실로 신비한 일이다. 죽은 씨앗에서 움이 트고 싹이 나고 잎이 나고 뿌리가 땅 깊숙이 내리고 후에는 줄기를 뻗고 자라 열매를 맺는다.
　　그런데 씨앗이 새생명으로 다시 태어나기 위해서는 반드시 다시 땅에 묻혀야한다. 바짝 마른 씨앗에서는 싹도 뿌리도 내릴 수가 없다. 반드시 수분이 풍족한 땅에 씨앗을 심어야 한다. 그러나 씨앗 스스로가 땅에 묻힐 순 없다. 씨앗을 수확하여 곳간에 보관 중인 주인이 곳간에서 씨앗을 가져다가 땅에 묻어 주어야 한다.

인간도 마찬가지다. 생명도 마찬가지고 죽음도 마찬가지다. 인간의 생명은 하나님이 주셔야 탄생되는 것이며 그 증거로 인간에게는 다른 생명과 달리 영혼이 있는 것이다. 죽음도 하나님께서 생명을 거둬 가셔야 비로소 이 땅에서 육체가 끝이 나는 것이다. 즉 죽음이란 하나님이 주신 영혼이 육체를 벗어나 하나님께로 가는 것이다.

다시 말해 육체의 끝인 죽음 속에 영혼의 씨앗이 숨어 있는 것이다. 그러나 죽음 자체가 죽음 자체로만 있다면 그것은 영원한 죽음일 뿐이다.

식물의 씨앗 주인이 그 씨앗을 땅에 묻어주어야 싹이 나듯, 우리 영혼도 영혼의 주인이신 하나님께서 우리의 영혼을 새로운 부활의 생명으로 소생시켜 주실 때 비로소 영생하는 것이다. 그 때 비로소 영원한 나라 천국에서 우리 주님과 함께 영원 무궁히 살게 되는 것이다.

제아무리 건장하고 체력을 자랑하는 사람도 모두 그들의 끝이 있다. 아무리 아름다운 인물을 가진 사람도 끝을 향해 가고 있는 것이며 그 끝은 죽음이다. 아무도 죽음을 뛰어넘을 수는 없는 것이다. 권력자도 부귀영화를 누리는 사람도 세계를 뒤흔드는 갑부들도 결국은 그 끝이 있는 것이다.

인간이면 누구나 맞게 될 그 끝을 향해 잘난 사람, 못난 사람

누구나 그곳으로 가고 있는 것이다.

그런데 그 끝이 진정한 끝이 아닌 것은 육체는 흙으로 다시 돌아가고 영혼은 다시 하나님의 품으로 돌아가 거기서 새생명으로 영원히 사는 것이니 끝나는 것이 아니라는 얘기이다. 이런 사실은 세상 이치로는 제아무리 설명을 해도 이해가 안 된다. 기고 나는 사람도 알아듣지 못한다.

그렇다. 세상 이치로는 하나님의 세계를 감히 이해할 수가 없다. 하나님의 오묘하심은 하나님의 방법으로 이해하고 하나님의 능력으로 풀어야 한다. 영적인 귀로 듣고 영적인 눈으로 보아야 한다. 그래서 하나님의 세계로 들어가야 하는 것이다. 그것이 믿음의 세계이다.

인간이 믿음을 갖는 것은 그래서 너무나 자연스러운 것이다. 그것은 마치 사람이 자기 고향을 찾는 것처럼 영혼이 하나님의 품을 그리며 그곳으로 가는 것이기 때문이다.

## 대화

대화는 엉킨 실타래의 매듭을 푸는 고리,
대화는 꼬인 감정을 푸는 열쇠,
대화는 막힌 담을 허는 기중기,
대화는 문제해결의 실마리를 제공하는 단초,
대화는 새 물을 길어 올리기 위한 마중물.

그러므로 대화하자. 억지로라도 내가 한발 먼저 양보하여 대화의 물꼬를 트자.

일단 대화의 물꼬를 터야 무엇이 문제인지를 파악하게 되고 문제가 파악되면 문제해결을 위한 양보와 타협이 모색된다. 그리고 그 양보와 타협이 서로의 요구를 좇아 핵심에 접근하게 된다. 그러므로 먼저 대화를 트자. 대화가 없으면 어떤 오해도 어떤 문제도 해결되지 않는다. 따라서 대화를 먼저 하는 것은 내가 지는 것도 아니고 또 손해 보는 것도 아니다. 다만 문제해결의 실마리를 제공하는 것일 뿐이다.

그러므로 내가 먼저 대화를 트는 사람이 되자. 대화를 먼저 트는 자가 큰 자이고, 겸손한 자이고, 승리하는 사람이며, 하나님께 칭찬받는 사람이다.

그렇다. 대화는 하나님이 인간에게 허락하신 가장 큰 축복의 통로이다. 너와 내가 통하는 통로이고, 나와 그가 통하는 통로이고, 나와 사랑하는 사람이 서로 통하는 유일의 통로이다.

대화는 원수의 벽을 허물어 버릴 수도 있고, 대화는 단절된 남북을 하나로 만들 수도 있다. 부부의 대화는 사랑을 만들어 내고, 부자간의 대화는 아들과 아버지의 핏줄냄새를 확인시켜주며, 노사간의 대화는 근로자의 사기를 돋아 직장을 위해 헌신을 다짐하게 만든다.

국가간의 대화는 경제를 살리며, 문화증진을 꽤한다. 그래서 대화는 사람을 살리는 아주 좋은 약이다. 죽어가는 사람에게 사랑의 대화는 보약보다 더 효과적인 명약이 된다. 천 냥 빚도 말 한마디로 해결할 수 있으니 좋은 대화는 보물이다.

대화를 어렵게 생각지 말자. 대화는 기술이다.

부부는 눈빛 하나로 열 마디 말의 대화보다 더 진한 대화를 나누기도 한다. 또 얼굴 표정 하나로 사랑의 많은 대화를 하기도 한다. 그런 무언의 대화는 때론 더 진한 감동과 감격을 주기도 하는데 그건 마음의 대화로 연결되기 때문이다. 이런 마음의 대화는 훨씬 강한 진동을 낳는다.

그래서 사랑하는 이들은 온종일 말 한마디 안하고도 함께 붙어 있으면 행복할 수 있는 법이다. 이런 대화법은 참으로 차원 높은 대화이다. 비단 부부뿐만이 아니라 친구지간에도 직장 동료간에도 이 차원 높은 대화는 끈끈한 우정으로 빛을 발한다.

그리고 하나님과의 대화는 내 영혼을 살리는 통로이다. 하나님과도 마음으로 깊은 대화를 하는 사람은 차원 높은 사람이다.

## 실패에 대한 묵상

　　실패의 경험이 없는 사람은 한 사람도 없다. 누구나 작고 큰 실패의 경험을 통해 다시 일어서고 쓰러지고 하며 성공의 길로 가는 것이다. 그래서 성공의 길은 결코 넓고 평탄한 길이 아니라는 것을 터득하는 것이다. 실패하면서 결국 성장하는 것이고 그러면서 견고히 서 가는 것이고 그러면서 성공을 이루게 되는 것이다.

　　그래서 '실패는 성공의 어머니'라는 말이 나온 것이다. 그런데 그 말은 잘못된 일을 반복하지 않는다는 뜻이다. 실패한 사람은 마음의 여유가 생기고 거쳐 온 길을 되돌아가 다시 낭패를 보는 일은 안 한다. 이미 실패 속에서 성공을 찾아가는 현명한 사람이 자신도 모르는 사이에 되어져 있는 것이다.

　　그런 사람은 위기가 곧 기회라는 논리도 잘 안다. 그래서 실패 속에서 그 원인을 찾고 거기서 출구를 보는 지혜를 얻는다. 다시 말하면 실패는 꼭 필요한 과정이라는 얘기이다. 그리고 너무 성급하게 가슴조이며 달려갈 일이 아니라는 얘기이다. 조급하게 성공을 점치고 달려간들 그 성공이 내것이 된다는 보장도 없고 실패를 다시 되돌아 보고 싶지 않다하여 아예 실패한 아픈 과거를 지워버릴 수도 없다.

중요한 것은 실패를 딛고 일어서려는 마음가짐이다. 실패를 하나씩 잘 점검하여 고칠 것은 고치고 바로 잡을 것은 바로 잡는 지혜와 결단이 필요하다.

엄밀히 따지면 그 지혜는 내가 내 자신에게 베푸는 아량이다.

실패의 해결책은 여유로운 생각에서 나온다. 불안한 마음과 감정이 앞서면 일단 마음을 달래고 시간을 가져야 한다. 마음의 여유가 없어 잘 안 되겠지만 과거에 성공했던 기억을 더듬어 보며 현재의 실패가 주는 충격을 완화시키는 노력 등 실패에 대한 묵상을 하는 것도 중요하다.

— 하나님으로부터 받은 축복이 얼마나 많았는지 세어보라.
— 긍정적인 이력서를 작성하라. 할수 있다는 용기가 생긴다.
— 실패는 연습이고 다음은 성공의 차례이다.
— 역경에 맞서 웃어라. 웃음은 가장 효과적인 방법이다.

— 실패를 사적으로 받아들이면 극복할 가능성이 더 멀어진다.
— 전적으로 하나님을 의지하라. 실패 중에도 돌보고 계신다.
— 실패는 성공으로 가는 길이고 노하우를 얻는 한 과정이다.
— 실패는 끝이 아니고 새로운 도전의 기회이고 시작이다.
— 실패 없는 성공은 없다.
— 실패라고 생각하는 그 자체가 실패이다.
— 실패란 다음 차례는 성공이란 사실을 망각하는 것이다.
— 실패란 주가 주신 재능을 최대한 발휘하지 않았다는 것이다.
— 실패는 하나님께 전폭으로 맡기라는 주님의 사인이다.

# CHAPTER 2

## 흔적

## 사랑의 찬가

사랑!

무쇠같이 굳은 마음도 네가 들어가기만 하면 흐물흐물 녹아 버리고, 독이 올라 독사 같던 감정도 네가 뜻 다하면 금방 눈 녹듯 사라지고 마는구나. 너는 무슨 묘약이고 무슨 요술쟁이기에 철천지 원수도 금방 십년지기 친구로 만들고, 미움의 태산도 단번에 허물어 바다를 메우는고.

너의 정체는 도대체 무어냐?

네가 둥글게 생겼느냐? 모나게 생겼느냐?

무슨 향기고 무슨 색상이냐?

무거우냐? 가벼우냐? 크냐? 작으냐?

너는 형체도 없고 보이지도 않고, 색깔도 없고 냄새도 없고, 손에 잡히지도 않고 만져지지도 않는데 너를 이길 자 세상에 없고, 너보다 큰 자 세상에 없고, 너를 덮을 자 세상천지에 없구나.

너는 모진 강풍에도 무언이고, 엄동설한 눈보라에도 끄덕 않는 전천후 무쇠 바위!

영원히 변치 않는 진리의 빛, 알파와 오메가인 생명의 원초, 너는 마음과 마음을 통하여 끊임없이 흐르는 물!

막히는 것도 없고 걸리는 것도 없고, 높은 것도 없고 낮은 것도 없고, 오직 넘치는 아량과 포용으로 모든 것을 조화시키는 신비의 용광로!

너는 용서라는 놈을 달고 다니고, 화해란 놈과 친하고, 이해란 놈과도 붙어 다니고, 겸양이란 놈의 어미라지. 이 세상천지에 너 없는 위대함이란 아무 것도 없다지.

너 없는 곳은 전부가 죽음이고 허무일 뿐, 찬바람만 씽씽 부는 황량한 광야란다. 눈보라치는 엄동설한이고 아비규환의 요지경이란다. 선행도 구제도 봉사도 연민도 없는 무미건조하고 살벌한 무덤이란다.

너는 사회를 지탱하는 힘, 사람과 사람을 묶는 끈, 사람과 사람 사이를 부드럽게 하는 윤활유.

너는 모든 사람의 허물은 가리고 상처는 싸매어 주고, 이 세상을 행복의 동산 살만한 곳으로 만드는 마술사, 보이지 않는 하나님의 큰손.

너는 세상을 비추는 광명, 빛의 생명 영광의 본체.

너의 영원한 존귀와 광명을 입에 담아보지 않는 자, 이 세상 천지에 그 누가 있으랴. 너는 이 세상에 있는 동경의 대상. 이 세상이 존재하는 한 너는 영원한 칭찬의 대명사!

너는 티 없이 맑고 청명한 가을하늘, 수억만 리 넓고 푸른 바다, 수정 같이 맑고 깨끗한 명경지수. 어느 누구도 헤아리지 못하는 하나님 마음. 하나님의 거룩한 화신 신비한 본체!

오늘도 기천기만의 사람들이 너를 전하려 전 세계로 달려 나가고 있다. 아프리카 난민촌으로, 남미 밀림 속으로, 중동 모래밭으로, 소련 동토로, 인도 빈민굴로, 동남아의 오지로…

그들은 너에게 목숨을 걸었단다. 저들의 가슴속에 살아있는 너를 전하지 않고는 견딜 수가 없단다. 너를 땅 끝까지 전하고야 죽겠단다.

오, 사랑아! 너를 닮고 싶구나, 너이고 싶구나.

오, 사랑아! 너는 영원히 빛나는 모든 이의 친구.

그들은 너를 위해서는 목숨도 아깝지 않고, 너를 위해서는 죽음도 두렵지 않고, 너를 위해서는 천지에 겁나는 것이 없단다.

이 세상에서 너를 가장 많이 생각하고, 너를 가장 많이 닮고, 너를 가장 많이 베풀고, 너를 가장 많이 실천하고, 너를 위하여 전적으로 희생하고, 너를 위하여 완전히 죽는 자가 이 세상에서 제일 위대한 자, 이 세상에서 제일 행복한자란다.

오, 아름다운 사랑, 빛나는 사랑아!

너는 연민의 정. 펄펄 끓는 어미의 젖가슴. 퍼도 퍼도 마르지 않는 행복의 샘. 솟아도 또 솟는 기쁨의 근원. 풍겨도 또 풍겨나는 예수님의 향기!

오, 아름다운 사랑, 빛나는 사랑아!

너를 아무리 노래하고 칭찬한들 끝이 있겠느냐? 다함이 있겠느냐? 너는 이 세상의 치료자이고 화목의 화신, 예수 그리스도의 십자가의 표상!

오, 아름다운 사랑, 빛나는 사랑아!

너를 영원히 노래하노라. 너를 영원히 칭송하노라.

너만이 영원히 빛나라. 건재 하라. 너만이 영원의 꽃을 피우라. 영원히 찬란한 빛을 발하라!

오, 아름다운 사랑, 빛나는 사랑아!

너만이 이 세상을 완전 정복하라. 너의 찬란한 빛으로 이 세상의 모든 불의, 죄악, 부정, 부패, 시기, 질투 그 더러운 것들을 훨훨 태워 없애라. 모조리 태워 없애라. 그리하여 이 세상을 너의 완벽한 모습 멋진 모습 새하늘과 새땅으로 재창조하라.

오, 아름다운 사랑, 빛나는 사랑아!

오늘도 너를 닮고자 몸부림치고 있다. 발버둥치고 있다. 오, 빛나는 사랑아!

## 최고의 행복

갓난아기에게 가장 필요한 것은 어머니라는 근본적인 사랑이며, 물고기에게 가장 필요한 것은 물이라는 근본적인 생존 여건이듯이, 우리 인간에게 가장 필요한 것은 창조주라는 어머니의 품속이다.

갓난아기가 어머니의 품속을 떠나면 그 자체가 고통이고 괴로움이며, 물고기가 물을 떠나서는 한 시도 살 수 없듯이 인간이 창조주라는 어머니를 떠나면 영원한 고통, 영원한 괴로움, 영원한 죽음이다.

따라서 갓난아기는 어머니의 젖꼭지를 물고 있을 때가 가장 행복하고, 물고기는 물에 있을 때가 가장 행복하듯이 인간은 하나님의 품속에 있을 때가 가장 행복하다.

그것은 인간이 하나님과 함께할 때라야 비로소 그 궁극의 존재가치가 발견되고, 하나님과 함께 있을 때가 가장 행복해지도록 의도적으로 설계되고 지음 받은 하나님의 가장 거룩한 피조물이기 때문이다.

사실 하나님을 빼고 내 인생을 생각해보면 한숨이 절로 나오는 가련한 인생이다. 아니, 하나님을 빼면 나는 없다. 벌써 이 세상에 존재할 수도 없는 인생이 덤으로 산다. 나는 하나님의 아들로 다시 태어나 새 삶을 사는 새로운 사람이다.

늘 보던 태양이 눈부시게 찬란했고, 늘 마시던 공기가 표현할 수 없을 만큼 신선했다. 흔들리는 나뭇가지 하나에도 감사가 절로 나오던 나의 새인생, 새삶을 시작한지 이제 10여년— 어느새 눈 깜짝할 사이에 나이 벌써 예순—

아직 할일이 태산이다. 이제사 시작한 새삶이기에 마음은 더욱 급하다. 하나님과 함께하는 이 삶이 과거 50년의 내 젊은 날보다 귀하고 아름답거니 해야 할 일 또한 귀하고 중하고 아름다운 일이다. 마음은 급하고 내 머릿속은 복음의 빚진 자로서의 사역계획서가 줄줄이다.

그런데 거울 앞에 서니 이전의 싱싱한 멋은 찾을 수 없고 백발이 휘날리는 머리카락과 깊이 페인 주름살, 탄력 잃은 피부, 언제 여기까지 왔는지 세월의 비정함만 가슴 아리게 한다.

개똥에 굴러도 이승이 낫다던가! 모두가 두려워하는 그 길!

인간 누구도 다 가는 길이건만 왜 나만 가는 길처럼 이토록 외롭고 쓸쓸한가.

그래서 시편 저자도 주께 '모든 인생을 어찌 이리 허무하게 창조하셨는지요?'라 투정했던가.

그러나 이제, 내 내면의 깊은 속을 한번 들여다본다. 거기, 소망의 꽃망울 가득 찬 동산에 옹기종기 천국마을 정답게 졸고 있다. 살찐 망아지들 한가로이 풀 뜯고 있는 벌판에 곳간 채울 황금물결 넘실거린다.

내 영혼 속에 새로이 창조된 광명의 별천지!

아, 장엄한 내 믿음의 승리여….

## 푯대를 바라보는 삶

　푯대를 바라보는 삶이란 옆을 보지 않고 한 곳을 바라보고 매진하는 삶이다. 푯대를 바라보고 매진하는 삶은 가끔은 느리기도 하고 머뭇거리기도 하지만 절대로 멈추지는 않는 삶이다.
　푯대를 바라보고 매진하는 삶은 그것이 좁고도 험한 가시밭 길이라도 그 길이 진리의 길이라면 결단코 가기를 중지하지 않는 삶이다. 푯대를 바라보고 매진하는 삶은 그 길이 아무리 넓고 가기에 편한 길일지라도 그 길이 진리의 길이 아니라면 과감히 가기를 포기하는 삶이다.
　푯대, 오직 그 한 곳을 바라보고 매진하는 삶에는 집중력이 필요하고 그 한 가지 일에 집중하려면 흐트러져 있는 삶을 단순화시켜야 하며 삶을 단순화하려면 지금까지 가지고 있던 많은 것들을 과감히 버려야 한다. 그러기 위해서는 무엇을, 무엇부터 버릴까가 문제이다.

첫째는 복잡한 인간관계를 정리하는 일이다.

왜냐하면 지나치게 너무 많은 사람들을 만나다 보면 사람 만나는데 대부분의 시간을 다 빼앗기게 되어 정작 꼭 만나야 할 일에 신경 쓸 여유가 없게 된다. 즉 하나님과의 깊은 관계를 정립할 시간을 상실하고 만다.

둘째는 말을 조심하고 절제하는 일이다.

말을 너무 많이 하지 말아야 한다. 말이 너무 많다보면 해야 할 말을 하기보다 하지 말아야할 말, 쓸데없는 말, 무가치한 말을 자연 많이 하게 된다. 믿는 자의 말은 하나님께서 직접 관리하시므로 땅에 떨어지지 않고 열매를 맺게 된다. 왜냐하면 하나님께서는 행한 대로 갚아주신다고 약속하시고 계시기 때문이다.

그러므로 쓸데없는 말, 무가치한 말, 독하고 악한 말들을 마구 하다보면 그것들이 오히려 화가 되고 독이 되어 부메랑으로 나에게 돌아오기 때문이다.

셋째는 지금까지 나쁜 습관이나 취미를 정리하는 일이다.

좋지 않은 습관이나 취미에 중독되거나 집착하다 보면 정말로 해야 할 일이나 가치추구에 소홀해지기 때문이다. 지금까지 추구해 온 나의 모든 습관이 제대로 된 습관이 아니었다면 새로운 가치추구를 위한 보람된 것들로 고쳐야 한다. 새 술은 새 부대에 담아야 하기 때문이다.

넷째는 지나친 미디어를 절제하는 일이다.

현재의 미디어 매체에는 중요한 것들은 많이 있지만 나쁜 영향을 끼치는 내용들도 너무 많다. 좋은 머리에 내용을 입력시킬 때 좋은 결과물을 얻게 된다. 그러므로 무가치하거나 나쁜 내용을 되도록 절제하고 가치 있고 보람된 좋은 내용들을 취사선택하는 현명함이 있어야겠다.

다섯째는 시간을 아껴 쓰는 일이다.

시간은 소리 없는 투자다. 큰 것과 올바른 것을 위하여 투자하면 크고 올바른 것을 얻을 것이나 하찮고 별 볼일 없는 것에 투자하면 별 볼일 없는 결과를 얻게 될 것이다. 생명을 얻고 살리는 일에 투자하면 천국소망을 달성할 것이요, 사망을 얻는 일에 시간을 투자하면 영원한 죽음과 형벌의 지옥운명을 피할 수 없게 될 것이다.

여섯째 내 것을 포기하고 내려놓는 일이다.

내 것을 포기하고 내려놓을 때 하나님께서 하나님 것으로 나의 잔을 넘치도록 채워주시기 때문이다. 우리의 이 세상 삶은 나의 의, 나의 안위, 나의 명예, 나의 물질을 추구하는 삶이 아니라 오직 하나님의 의를 나타내기 위한 삶이어야 하고 우리는 그렇게 지음을 받은 피조물이기 때문이다.

## 흔적

　난생 처음 하는 책 출간이다. 지난 십 수 년 간 틈틈이 써온 신앙 간증들이다. 이번의 경험을 통하여 책을 세상에 내놓는다는 것이 얼마나 어렵고 힘든 일인가를 실감한다.
　글이란 내 마음이고, 내 사상이고, 나의 혼이 들어있는 것이기에 글을 쓴다는 것은 곧 나 스스로를 들어내는 것, 그래서 무척 조심스럽다. 슬플 때 글을 쓰면 나의 슬픔이 드러나고, 몸이 아플 때 글을 쓰면 글속에 나의 병세가 들어있다.
　그래서 나는 원고를 쓸 때 가능한 마음을 비운다. 물론 시골 한적한 곳에 살면서 복잡한 비즈니스나 직장생활을 하지 않으니 환경적으로 순수하게 사는 편이다. 그래도 마음을 정리하고 세상 모든 것을 모두 내려놓고 진솔한 마음으로 어린애마냥 단순해진다. 그리고 진실로써 원고지를 메워간다.
　노트를 들고 책상에 앉아 원고를 쓰려고 하면 나는 날개를 달고 하늘을 훨훨 날아가는 한 마리의 행복한 새가 된다.

그런데 책의 내용도 내용이지만 그 다음은 외관상으로 얼마나 매력적인 디자인으로 책을 만드는가도 문제이다. 독자들의 시선과 관심을 끌고 그들로 하여금 손에 책을 집도록 하는 것도 문제며 책이 잘 읽혀지게 하는 테크닉도 큰 문제이기 때문이다.

어쨌든 책 출간을 끝내고나니 십 년 묵은 체증이 쑥 내려가고 어깨에 메고 있던 무거운 짐을 훌훌 벗은 기분이다. 보다 더 보람을 느끼는 점은 지금 이 순간에도 내가 쓴 글들이 내가 알지 못하는 어느 곳에서, 내가 알지 못하는 어느 누군가에게, 나의 진솔한 마음을 전하고 있다고 생각하면 너무 너무 가슴 뿌듯한 행복감을 느낀다.

'호랑이는 죽어서 가죽을 남기고, 사람은 죽어서 이름을 남긴다' 는 말이 있듯이 내 인생은 금방 사라지지만 이 책의 출간을 통하여 내가 세상에 남기고 가는 나의 간절한 마음이 내 이웃과 내 뒤에 오는 무수한 인생 후배들을 감동시키고 깨우쳐서 그 중의 단 몇 영혼이라도 하나님 앞으로 인도하는 작은 지팡이가 된다면 더없는 기쁨이겠다.

그리하여 내가 이 땅에 왔다가 작지만 유익한 흔적을 남기고 가는 한 계기가 된다면 이보다 더 큰 보람은 없을 것 같다.

앞으로 나는 이 작업을 계속하리라.

날마다 자연에 묻혀 감사의 찬양과 감격의 노래를 하리라. 새벽이면 새들과 함께 하루를 노래로 시작하고 저녁이면 별들과 속삭이며 하루를 마감하리라. 그리고 자연에 어깨를 기대고 시름을 달래고 흩날리는 낙엽들과 속마음을 나누며 원고지를 열고 닫으리라.

나의 하루하루를 주와 함께 하고 전 마음을 다하여 원고지를 메워 가리라. 그래서 한 권 한권 나는 나의 일과를 독자들에게 고하리라. 그래서 나의 70, 80, 생의 마지막까지 그 흔적을 세상에 남겨 나의 하나님의 사랑과 축복을 독자들에게 고하리라.

## 선행

한국의 어느 할머니가 학생들을 위하여 써 달라고 40년간이나 벌어 모은 일억 원이라는 거금을 모대학교에 장학금으로 기부했다는 뉴스다.

그 할머니는 그 대학교 근처에서 식당을 경영하고 있는데 손님의 대부분이 그 대학의 학생들이고 그들을 상대로 번 돈이니 그들을 위하여 쓰는 것이 당연하다며 그들을 위하여 써달라고 기부했다는 흐뭇한 소식이다.

선행을 해본 사람은 모두 하나같이 느끼는 것은 주는 사람이 받는 사람보다 더 뿌듯하고 더 행복하다는 사실이다. 특히 기독인들의 선행은 주님의 이름으로 한 선행이므로 하늘나라에 기록되어 상급으로 주어지니 이보다 더한 수확이 또 있으랴싶다.

선행은 기독인의 신앙 미덕이요, 성숙한 신앙양심의 표출이다. 그래서 누가 알아주든 말든 선을 행하는 사람은 선을 행하면 행할수록 감사하는 마음과 만족한 마음으로 채워지기 때문이다. 그리고 그 선행이 자신을 행복하게 하고 자기에게 기쁨을 가져다 주기 때문이다.

이런 의미에서 선행은 겉으로는 상대방을 위한 것같이 보이지만 실제로는 자기 자신을 위한 것이다. 작금 여러 연예인들을 비롯하여 기독신자들과 비기독교신자들까지도 여러 사회기부 활동에 참여하고 각종 자원봉사활동에 몸을 사리지 않는 것도 이런 맥락에서 일 것이다.

그럼에도 불구하고 일부 수많은 기독인들은 자기 자식만 잘 되고 자기 사업만 잘 되기를 바라면서 벅찬 액수의 헌금을 내어 놓고 그 몇 배의 축복을 기대하며 돈 놓고 돈 먹기 식의 기부신앙에 빠져있는 것은 참으로 슬픈 일이다.

이것은 뭔가 잘못된 선행의 양심과 가치관에서 비롯된 것이다. 이들은 새벽기도, 교회봉사, 십일조 하는 것이 곧 믿음이고 신앙생활의 전부인양 착각하며 신앙생활을 한다. 그러면서 자신들이 세상의 빛이요 소금이라고 생각한다. 그러면서도 실제로 세상일에는 별 무관심이고 오직 자기 교회행사에 얽매이거나 자기 교회사역에만 급급한다.

그리고 하나님의 큰 영광이 들어나야 할 세상, 복음 선교의 현장인 세상, 영혼의 낚시터인 세상, 천국 곳간에 들일 알곡추수의 현장인 세상, 이런 세상과의 소통에는 소홀하고 무관심하다. 따라서 선행과 긍휼을 베풀 시간적 정신적 여유에 인색할 수밖에 없는 것이다.

그러므로 세상 사람들로부터 존경과 신뢰보다는 오히려 비난과 조롱의 손가락질을 받게 된 것이 작금의 신앙현장인 것이다. 따라서 우리들 모든 기독인들은 이와 같은 일부 기독신자들의 신앙행태는 일반적인 기독인의 신앙정신을 망각한 행위요, 기독신앙의 본질을 크게 훼손하는 행위라는 사실을 깊이 그리고 심각히 깨달아야할 것 같다.

미국이나 유럽 국가들은 장학재단이나 종교재단에 유산을 기부하는 예가 흔한데 우리나라는 기부문화가 잘못되어 있어 대부분 자식들에게 남기고 떠난다. 그리고 우리 자녀들도 어려서부터 어려운 이웃을 살피고 돕는 일에 무신경하고 무반응하며 살아온 부모들을 알게 모르게 답습하고 있는 실정이다.

이 역시도 기독인들이 솔선하여 먼저 지켜야할 선행의 목적 중에 하나이다.

## 생활의 방편

　　젊은 시절 육군에 입대하여 논산훈련소에서 신병훈련을 받을 때 훈련 조교로부터 받은 훈시가 있었다.
　　"그대들이 신병훈련을 마치고 기성부대에 배치되면 무엇보다도 먼저 선임자들로부터 신임을 얻을 때까지는 뼈가 바스러지도록 열과 성을 다하여 그들에게 충성하라. 그리하여 일단 그대들이 그대들의 상사들로부터 쓸 만한 친구라고 인정을 받게 되면 그대들의 남은 근무기간을 편안히 마칠 수 있을 것이다."
　　나는 그때에 그분들의 훈시를 귀담아 뇌리에 새겼다. 그래서 그분들의 분부대로 한 결과 운 좋게도 카투사부대로 편입되었고 서울 용산 미8군사령부 직할대에서 매 주말마다 외출을 하면서 지내게 되었다. 규정상 미군부대에서 1년 근무를 마치면 한국부대로 넘어가야 했음에도 불구하고 부대장의 보살핌으로 한국부대로 전출되지 않고 제대할 때까지 편안하게 군대생활을 마칠 수 있었다.

예수를 처음 믿을 때 여러 목사님들께서는 설교를 통해 어떤 일이 있더라도 신자는 하나님을 내 생활의 방편으로 이용해서는 안 된다고 강조하였다. 많은 사람들이 처음 하나님을 믿을 때 "좋은 집을 주세요, 좋은 차를 주세요, 예쁜 마누라를 주세요"라며 무엇을 달라고 한다는 것이다. 그런가하면, "암을 고쳐주세요, 부도를 막아주세요, 사업을 잘 되게 해주세요"라며 무슨 큰 문제들을 해결해 달라고 요구하기도 한다는 것이다.

마치 그것을 주고 그 문제를 해결해 주면 하나님을 믿겠다는 조건을 달아 하나님을 내 생활의 방편으로 이용하려는 자들이 많다는 것이다.

그러나 하나님과 우리와의 관계는 상하주종의 관계이다. 종과 주인의 관계에 있어서 주인은 종의 생사여탈권을 가지고 있다. 주인은 언제든지 마음만 내키면 종을 죽일 수도 있는 관계이다. 그런 관계에서 종은 주인을 목숨을 다해 섬기는 것이 종의 도리인 것이다.

종이 충복으로 주인을 섬기면 주인으로부터 신임을 받고 더 충성하면 더 신뢰를 받고 더 큰 보호를 받게 될 것이다. 이런 질서를 무시하고 종이 먼저 주인에게 무엇을 어떻게 해주면 어떻게 충성하겠다고 조건을 다는 것은 스스로 스스로의 목숨을 자초하는 일이다.

　하나님과 우리와의 관계도 이 범주에서 벗어날 수 없다.

　내가 예수님을 영접하고부터 지난 19년을 되돌아보니 처음 예수님을 영접할 당시의 그 어려운 여건 때문에 주님께 목숨을 살려 달라는 것과, 남에게 빚진 것 갚게 해달라는 것과, 다른 사람을 위해 한 중보기도를 빼고는 단 한 번도 나 자신을 위하여 하나님께서 무엇을 어떻게 해주시면 무엇을 어떻게 하겠다고 조건을 달아 기도한 적은 없는 것 같다.

　그럼에도 불구하고 그동안 내 생활에 꼭 필요한 것뿐만 아니라 기타 그 외의 모든 문제들도 더불어 하나님 안에서 완전히 해결되는 것을 경험하였다. 그래서 지금은 감히 다음과 같이 주장하게 되었다.

　- 내가 먼저 하나님 말씀에 따라 하나님의 의와 뜻을 이루고자 열과 성을 다하여 살다보면 구태여 내가 하나님을 내 생활의 방편으로 이용하려고 하지 않아도 하나님께서 나의 필요를 모두 다 아시고, 채워주시고 모든 문제를 다 해결해 주시므로 하나님께서 하나님 스스로가 내 생활의 방편이 되어 주신다.

　이 어찌 신비한 믿음의 기적이 아닌가? 이러한 기적이 다만

나에게만 일어난 사실이고 나만이 경험하는 기적일까? 그래서 다시 한 번 더 강력히 주장하고 싶다.

 - 하나님을 경외하는 모든 성도들이여, 목숨과 뜻과 마음과 정성을 다하여 먼저 하나님께 충성하자. 그리하면 그대의 모든 문제를 미리 꿰뚫고 계시는 전지전능하신 하나님께서 그대의 모든 문제를 미리 알아서 다 해결해 주시고 하나님 스스로가 그대의 전지전능하신 생활의 방편이요 길잡이가 되어 주실 것이다.

## 영원한 준비

"그녀의 다리가 마치도 무쇠덩이 같이 단단했어요. 매일 두 시간씩 걷는데요."

지난주에 이웃 마을 친구 집에 초대받아 갔다가 마침 플로리다주에서 휴가차 그 집에 다니러온 한 여자 손님을 만나고와서 아내가 내게 전해준 말이다. 그녀는 같이 온 다른 친구와 함께 그 집에서 휴가를 보내고 있는지가 벌서 열흘이나 되었다고 한다.

오랜만에 만난 친구들과 어울려서 수년간 참아온 수다도 떨고 가라오케로 노래도 부르면서 세월아 네월아 하며 휴가를 즐기고 있는 중이라 한다. 그들의 남편들은 다 연세가 지긋한 사람들로 이미 은퇴를 한 사람들이었다고 한다. 이 소리를 듣고 나의 뇌리에 한 생각이 떠올랐다.

'그들이 은퇴하고 매일 두 시간씩이나 운동도 하고 또 그렇게 여유롭게 휴가도 즐기면서 세월을 보내려면 미리부터 노후를

위하여 철저한 준비를 해온 분들이구나.'

  우리의 세상 삶에 있어서도 준비는 이렇게 중요한 것이다. 일찍이 준비의 중요성을 깨닫고 미리부터 준비를 철저히 하는 자는 때가 차매 그 수고의 열매를 거둘 것이나 그렇지 않는 자이면 장래에 거둘 열매가 없을 것이다. 기껏 칠팔십 년간을 살다갈 이 땅에서의 준비도 이렇게 중요한데 영원한 억겁을 살아야할 다음 생을 미리부터 철저히 준비해야 하는 것은 너무나 분명한 사실이고 상식인 것이다.

  얼마 전 사십년 만에 연락이 된 친지와 전화를 하면서 죽음에 대한 이야기를 나눈 적이 있다. 40년 전 미국에 처음 왔을 때 그와 나는 몇 년간 룸메이트를 한 사이였다. 그 당시 총각 세 사람이 한 아파트에서 룸메이트를 하고 있었는데 한 사람은 한국에서 방문 비자로 온 전도사였고 이 친지와 나는 불신자였다.

  그간 그 전도사님은 목사님이 되셔서 지금까지 뉴욕에서 목회를 하고 있고 나는 예수님을 만나서 복음과 신앙에 관한 책을 이십 여권 출판하며 나름대로 전도에 힘쓰고 있는데 그 친지는 아직도 옛날 그대로였다.

  이 친지는 이 땅을 살다가 죽고 나면 그만인데 저 세상이 있고 지옥 천당이 있다한들 무슨 상관이 있느냐는 것이다. 그는 이 세상이 마침표가 되면 더 좋은 것이고 그렇지 않고 저 세상이 있어 지옥이 존재한다면 지옥에 가면 되지 않느냐는 것이다. 이런 경우에 무엇을 어떻게 더 이야기를 할수 있겠는가!

그런데 이 친지는 다른 교인들처럼 교회도 가고 설교도 듣는다는 것이다. 그러나 다 건성이고 자기가 건성이라는 사실을 자신이 너무나 잘 알고 있다는 것이다. 그러면서 그는 아무리 설교를 듣고 교회행사에 참여하기도하나 이렇다 할 감동이나 느낌이 없을 뿐 아니라 믿음이나 신앙자체에 전혀 관심이 없다는 것이다.

그러니 자연 성경을 읽을 필요를 느끼지 못하고 그러므로 성경도 읽지 않는다는 것이다. 괜히 성경 읽는데 시간낭비 할 것 없다는 것이다. 따라서 내세를 부정하는 그에게는 내세라는 관념조차도 없으므로 자연 내세를 위한 준비란 있을 수 없는 것이다.

이런 경우 복음전파자들의 복음전파 비법은 무엇일까? 그 자가 차라리 믿음이나 신앙에 생소한 사람이라면 몰라도 근 40년간이나 교회에 출석하여 모든 것을 다 알고 있으면서도 그저 관심이 없어서 그렇다고 하니 더 큰 문제가 아닐 수 없다.

어쨌든 우리는 이 땅에 태어났다. 그리고 이 땅에 태어난 이상 적어도 한번쯤은 우리가 어디서 왔고 이 세상에서 할일이 무엇이며 다음에 가는 곳이 어디인가를 심각히 생각해 보는 것은 의미 있는 일이 아닐까? 내 기억이 거기에 못 미친다고 해서 어머니의 뱃속에서 탯줄을 붙들고 열 달을 살고 있었다는 그 오묘

함을 아예 없던 일처럼 그 신비한 세계를 감히 없다고 말할 수 있을까? 인간은 분명히 온데가 있고 가는 데가 있는 것이다.

하여튼 망아지를 물가에까지 끌고는 갈수 있으나 물먹기를 싫어하는 망아지에게 억지로 물을 먹일 수는 없다. 일찍이 파스칼은 '인간은 생각하는 갈대'라고 했는데 부디 그가 스스로 이 문제를 심각히 생각하기를 바랄뿐이다. 그래서 진정한 믿음의 의미를 깨닫고 복음을 받아들여 구원받고 저 세상에서 영원한 안식을 누리는 자가 되게 해달라고 기도드릴 뿐이다.

# CHAPTER 3

## 버리기

# 행복한 사람

- 이 땅에서 얻어 저 세상까지 계속되는 영원한 복을 가진 사람은 행복한 사람이다.
- 이 땅에서 진정한 삶의 목적과 의미를 깨닫고 지금, 오늘 이 시간에 후회 없는 삶을 사는 사람은 행복한 사람이다.
- 자기가 누구인지를 확실히 깨닫고 자기 정체성을 찾아 확실하고 견고한 자기 인생의 집을 짓는 사람은 행복한 사람이다.
- 자기 삶의 정확한 목표가 어딘지를 알고 그곳을 향해 질주하는 사람은 행복한 사람이다.
- 죽음의 순간에 후회를 남기지 않을 삶을 사는 사람은 행복한 사람이다.
- 날마다 새로운 하루하루의 삶을 통하여 내 인생의 전부를 하나님께 맡기고 성령의 인도로 매일의 삶을 인도받는 사람은 행복한 사람이다.

- 날마다 새날의 행복을 발견하지 못하는 사람에게는 한 아름의 행복이 한꺼번에 찾아오지 않는다는 사실을 아는 사람은 행복한 사람이다.
- 행복이 산 넘고 강 건너 저 멀리 있는 것이 아니라 바로 내 집 처마 밑에 있다는 사실을 아는 사람은 행복한 사람이다.
- 참 행복은 내 속에 계시는 하나님으로부터 온다는 사실을 아는 사람은 행복한 사람이다.
- 자기 속에 하나님께서 주시는 평강과 만족과 기쁨을 가진 사람은 행복한 사람이다.
- 물질은 나를 잘 살게는 하지만 행복하게 하지는 못한다는 사실을 아는 사람은 행복한 사람이다.
- 내가 가진 소유가치보다 나의 존재가치가 높아야 행복해진다는 사실을 아는 사람은 행복한 사람이다.
- 자기가 얼마나 귀하고 소중한 존재인가를 아는 사람은 행복한 사람이다.
- '예수 믿으면 좋은 일만 생겨요' 라고 자신 있게 말하는 사람은 행복한 사람이다.
- 오직 예수만이 모든 문제의 해답이고 해결이라는 사실을 알고 하나님의 은혜를 풍성히 누리며 사는 사람은 행복한 사람이다.
- 주어진 시간에 죽음너머 저 세상 삶을 준비하느냐 아니냐에 따

라서 시간은 영원한 생명이기도 하고 영원한 죽음이기도 하다. 따라서 주어진 시간에 충실한 사람은 행복한 사람이다.
• 섬김이 행복의 씨앗이라는 사실을 아는 사람은 행복한 사람이다.
• 마음속에 두려움이 없는 사람은 행복한 사람이다.
• 주님을 맞을 준비가 되어 있는 사람은 행복한 사람이다.
• 받을 사랑보다 받은 사랑이 더 크다는 사실을 깨닫고 그 사랑을 갚으며 사는 사람은 행복한 사람이다.
• 예수의 진리, 평화의 복음을 깨닫고 그 마음속에 천국을 소유하고 사는 사람은 행복한 사람이다.
• 참 행복은 하나님께서 나에게 허락하신 범위 내에서 내가 현재 소유하고 있는 것과 처해있는 입장이나 상태 그대로를 가지고 만족하는데 있다는 사실을 아는 사람은 행복한 사람이다.
• 가정풍랑, 질병풍랑, 환경풍랑, 직장풍랑 등 어떤 세상 풍랑이 닥쳐와도 그 풍랑을 다스리고 잠재우시는 예수님을 부를 수 있는 사람은 행복한 사람이다.
• 나에게 고쳐야할 결점과 문제점이 있기 때문에 작고 큰 풍랑이 닥치고, 예수님을 부르심으로 그 풍랑을 잠재우고 나면 그 다음에는 보다 큰 축복이 온다는 사실을 아는 사람은 행복한 사람이다.

• 세상에서 예수 믿는 것보다 더 큰 축복이 결코 없다는 사실을 아는 사람은 행복한 사람이다.
• 예수님의 삶을 내 삶의 표본으로 삼는 사람은 행복한 사람이다.
• 예수님을 통하여 영원한 삶과 영원한 안식을 찾은 사람은 행복한 사람이다.
• 시험을 참는 자와 하나님께 징계를 받는 자가 복 있는 자라는 사실을 아는 사람은 행복한 사람이다.
• 예수께 올인하고 하나님과 함께 사는 사람이 세상에서 제일 행복한 사람이라는 사실을 아는 사람은 행복한 사람이다.

## 행복에 대한 묵상

- 평생 행복을 누리는 방법 가운데 가장 중요한 것은 친구들을 얻는 것이다. -에피쿠로스-
- 이 세상에서 가장 중요한 때는 바로 지금이고, 가장 필요한 사람은 바로 지금 내가 만나는 사람이고, 이 세상에서 가장 중요한 일은 지금 바로 내 옆에 있는 사람에게 선을 행하는 일이다. -톨스토이-
- 어리석은 자는 행복을 멀리서 찾고 지혜로운 사람은 자기 발밑에서 기른다. -J. 모핀하임-
- 행복은 결코 돈을 주고 살수 없다.
- 만족은 마음의 재산이고 그것을 얻는 사람은 행복한 사람이다. -J. 드라이든-
- 주는 것이 받는 것보다 더 행복하다는 원리를 증명한 사람은 록펠러였다. 그는 이 원리의 실천으로 의사로부터 사형선고를 받고

도 40년이나 더 살았다.
• 가정에서 누리는 행복은 모든 소망의 최종목표다. -S. 존슨-
• 행복의 조건 첫째는 사랑하는 사람, 둘째는 내일의 희망, 셋째는 내가 할수 있는 일이라 한다. 그대는 이 세 조건을 다 갖췄는가?
• 행복은 매이는 것이다. 사도 바울은 '주님의 노예'로 매일 때 비로소 자유인이 되는 신앙의 기쁨을 맛볼 수 있다고 했다.
• 괴로움과 즐거움을 모두 경험하는 훈련을 통하여 얻은 행복일 때 그 행복이 오래 지속된다.
• 사랑받는 자에게 사랑의 말은 한 입에 불과하지만 사랑에 굶주린 자에게 사랑의 말은 진수성찬이다.
• 남을 행복하게 할수 있는 자만이 또한 행복을 얻는다. -플라톤-
• 우리와 공감하는 사람을 찾아내는 것은 지상에서 가장 큰 행복이다. -칼 스피들러-
• 행복해지는 방법은 자기 위주의 삶을 버리고 타인을 위하는 마음자세로 사는 것이다. -아침향기-
• 인생의 가장 큰 행복은 우리가 사랑을 받고 있다는 사실이다. -V. 위고-
• 마음이 어진 사람은 조그마한 집에 살아도 행복하다. -손자성-
• 행복의 한쪽 문이 닫히면 다른 쪽 문이 열린다. 그러나 흔히 우

리는 닫힌 문을 오랫동안 보기 때문에 우리를 위해 열려있는 다른 문을 보지 못한다. -헬렌 켈러-
• 감사하는 마음은 행복을 행복으로 발견케 하는 열쇠다.
-최효섭-
• 최고의 행복과 만족은 손으로 받는 것이 아니고 마음으로 받는 것이다. -최효섭-
• 사랑할 때 마음에 오는 뜨거움과 기쁨보다 더한 행복은 없다. -최효섭-
• 진정한 행복은 나에게 어떤 일이 생기느냐에 있지 않고 나에게 벌어진 일을 내가 어떻게 믿음으로 받아들여 처리하느냐에 달려 있다. -최효섭-
• 진정한 행복은 내가 원하는 것을 손에 쥐는데 있지 않고 내가 가진 것을 어떻게 주님을 위해 사용하느냐에 달려 있다. 내가 원하는 것을 하는 것이 행복이 아니라 내가 하는 일이 정말 주님께 영광이 되도록 만들어나갈 때 행복해진다. -최효섭-
• 행복해지는 비결 7가지 (1)무엇인가를 남에게 주라. (2)노인을 만나라. (3)감사하는 마음을 품어라. (4)즐거움으로 일하라. (5)내일을 종말처럼 생각하라. (6)사랑하라. (7)아이의 얼굴을 보라.
• 행복은 네잎클로버를 찾는 자에게 오는 것이 아니라 밝은 미래의 꿈을 갖고 전진하는 자에게 모든 클로버는 네잎클로버로 변할

것이다. -아침향기-
- 아무리 고상하고 참된 가르침이라 해도 실생활에 실천되지 않은 한 사람들을 행복하게 만들 수 없다. -밴 다이크-
- 행복이란 무엇을 얼마만큼 소유한데 있는 것이 아니고 지금 현재 내가 가지고 있는 것에 대한 만족에 있다.
- 행복의 열쇠는 금고를 여는 구멍에는 맞지 않으나 마음을 여는 구멍과는 맞는다. -아침향기-
- 행복한 얼굴이 보약이다.
- 하나님은 사람이 행복하게 살기를 바라시므로 덧없는 인생살이에 크게 마음 쓸 일이 없다. -전도서-
- 행복은 전염된다.
- 행복해지는 방법은 다른 사람들을 행복하게 만드는 것이다. -R.G. 임기솔-
- 기쁨이 있는 마음속에 행복이 깃든다.
- 행복한 가정은 모두 서로 닮았지만 불행한 가정은 제각각이다. -톨스토이-
- 하나님의 말씀이 행복이고 축복이다.
- 행복은 사랑을 먹고 산다.
- 미국정신건강협회가 행복한 생애를 위하여 권고한 5대 원칙
  첫째, 너그러워지라(tolerance) : 자기 자신과 남에 대한 태

도에 여유를 갖는 마음가짐이다.

둘째, 현실적으로 자기를 평가하라(realistic estimation) : 자기의 능력에 대하여 현실적이며 정직한 평가와 자기 이해를 하라는 뜻이다.

셋째, 자부심을 가지라(personal pride in accomplishment) : 남들의 평가로부터 독립되어야 한다는 뜻이다. 나의 성취에 대해서 스스로 만족하면 충분하다.

넷째, 무엇을 하든지 최선을 다하고 그것으로 만족하라. 후회란 실수에서 오는 것이 아니고 최선을 다하지 못한데서 온다. 결과를 염려하지 말고 자기가 할수 있는 만큼의 최선을 다하면 된다.

다섯째, 명랑하게 살라 : 물론 명랑해지기 어려운 환경에 놓일 때가 잦지만 그런 여건에도 밝게 노력해 보라는 권고이다.

## 죽음의 신비

　피조물인 인간 중에서 이 세상 그 누구도 죽음의 신비를 푼 사람이 없다. 과거에도 그랬거니와 현재도 그렇고 앞으로도 그러할 것이다. 그것은 죽음이 단지 보이는 육체적 생명의 끝이 아니라 보이지 않는 영혼과 얽혀져 있기 때문이다.
　육체는 그 생명이 끝나면 무덤으로 들어가거나 또한 불에 태워져 한줌의 재로 뿌려지면 끝난다. 그러나 영혼은 그렇지 않다. 그래서 그것은 신비에 속하는 것이다. 그 누구도 풀 수 없는 신의 영역에 있는 것이다.
　죽음이란 무엇인가? 죽음은 언제나 '신비'라는 꼬리표를 달고 다닌다. 이 죽음의 신비 때문에 우리의 삶이 더 깊이가 있고 더 무거운 의미를 담고 있는지도 모른다.
　그래서 죽음이 멸시와 천대를 받지 않는다. 누구도 죽음을 맞은 사람 앞에서는 방종하지 않는다. 임종을 맞는 자리에서는 오만 하지 않는다. 죽음이란 빈부격차 없이 모두를 숙연하도록 만든다. 아니, 차라리 고상하고 숭고한 대접을 받는다는 말이 맞다. 죽음은 세상 영역의 상황이 아니기 때문이다. 차원이 다른 신의 영역의 일이기 때문이다.

쉽게 말하면 죽음이란 삶의 성적표라고 하면 좋을 듯하다. 그것은 죽음이 바로 이 세상에서 70년 80년, 90년을 살면서 자기 인생의 살아온 모습을 그대로 담고 있기 때문이다. 고생의 흔적, 선한 삶의 흔적, 봉사의 손길, 아픈 삶의 모습, 쌓아둔 돈의 부피, 쌓아올린 명예의 탑 등이 그대로 담겨져 있기 때문이다.

그리고 더 중요한 것은 이미 경험해서 다 알고 있는 과거보다도 훨씬 더 중요한 장차 되어질 미래의 신비와 의문과 불확실의 메시지를 담고 있기 때문이다.

그래서 과거는 그저 단순히 과거일 따름이지만 미래는 새로운 도전이고 개척이고 새로운 시작인 것이다. 그런 의미에서 또한 다른 세계로의 도전인 죽음은 두려운 것이고 떨림이고 신비일 수밖에 없는 것이다.

그 신비의 답은 사람을 창조하신 하나님만이 알고 계신다. 죽음 이후 살 집을 마련하고 지금도 인간을 사랑하고 계시는 하나님만이 알고 계신 신비한 것이다.

그렇다면 죽음을 위해 지금부터 해야 할 일이 있을까?

죽음은 삶과 종이 한 장 차이이다. 아침에 인사하고 나갔던 사람이 저녁에 죽음으로 돌아올 수도 있고 어제 결혼식을 올린 신혼부부가 오늘 싸늘한 죽음으로 가족들을 울린 사례는 그동안 많이 있어 왔다.

누구나 가는 길, 죽음! 돌아가든, 질러가든, 곧게 가든, 비뚤게 가든 인간 모두가 그 길을 가고 있다. 죽음은 결코 먼데 있지 않다는 것이다. 그래서 미래를 준비하듯 죽음을 준비해야 한다.

동물은 죽음을 준비하지 않는다. 동물은 내세가 없기 때문이다. 만물의 영장인 사람만이 죽음을 준비해야 한다. 사람만이 다음 세상에서 영원히 살 수 있는 영혼이 있기 때문이다.

영혼은 하나님의 영역에 속하기 때문에 하나님의 방법으로 신의 속성에 맞도록 죽음을 대비하고 준비해야 한다. 그래서 하나님의 품속으로 들어가야 하는 것이다. 그래야 영에 속한 사람이 되고 그래야 하나님의 사람으로서 참다운 죽음의 대비를 할수 있게 되기 때문이다.

사실 그 품속에 안기기만 하면 죽음의 준비는 아주 간단히 이루어진다. 왜냐하면 하나님께서 성령을 통해 하나님의 사람들을 인도하시기 때문이다. 성령께서는 하나님의 사람들을 확실하게 당신의 품속에 품고 험한 세상에서 안전하게 보호하며 이끌고 가시기 때문이다.

부활은 사망에 대한 생명의 승리이다.
부활은 죄에 대한 의의 승리이다.
부활은 미움에 대한 사랑의 승리이다.
부활은 거짓에 대한 진리의 승리이다.
부활은 불신앙에 대한 신앙의 승리이다.
부활은 죽은 자를 살리는 능력이다.
부활은 불가능을 가능으로 만드는 능력이다.
부활은 절망을 소망으로 바꾸는 능력이다.
부활은 완전한 파멸에서 새로운 존재로의 재탄생이다.
부활은 변화의 능력이다.
부활은 절망이 소망이 되는 것이다.
부활은 완전한 실패가 성공으로 바뀌는 것이다.
부활은 죽음이 물러가고 생명이 살아나는 것이다.

부활은 죽은 자가 살 자가 되는 것이다.
부활은 새순과 열매로 나타난다.
부활은 삶의 변화가 다른 사람의 눈에도 보이는 것이다.
부활은 예수 믿고 변화되어 세상의 축복이 되는 것이다.

　부활은 부활하신 하나님을 인격적으로 만나고 인격적으로 만난 부활하신 하나님이 나를 살리는 것이다.
　예수의 부활이 나를 변화시켜 세상을 축복받게 한다. 진정한 변화는 오직 부활의 예수님을 통해서 만이 가능하다. 부활을 통한 진정한 변화는 아주 작고 구체적인 것에서 시작한다.
　부활의 능력은 오직 삶을 통하여 경험된다. 고로 참된 부활을 경험자만이 참된 진리를 증거 할수 있다.
　부활의 경험이 축복이요, 부활의 증거가 축복이요, 부활 자체가 축복이다. 예수 믿는 것은 삶을 통하여 체험한 부활의 능력을 신앙으로 승화시키고 그 속에서 탄생한 새로운 삶을 통하여 세상의 빛과 소금이 되는 것이다.

## 아름다운 죽음

　　모든 인간은 하나님으로부터 집행 날짜가 정해지지 않은 무기 사형수들이다. 그러므로 언제 어디에서 어떻게 사형이 집행될지는 아무도 모른다. 그리고 이 사형집행을 피할 수 있는 사람도 또한 없다.

　　그런데도 현재를 살고 있는 대부분의 사람들은 이러한 냉혹한 현실을 외면한 체 이 세상에 영원이 있고 이 세상에서 영원히 살 수 있고 이 세상에서 영원히 살 것처럼 살고 있다. 실로 이 세상 삶은 바로 이 사형집행인 죽음을 향한 여정이고 이 사형집행을 향한 카운트다운인데도 말이다.

　　따라서 이 세상을 살고 있는 사람치고 이 현실과 진실을 거스르고 부정할 사람은 단 한사람도 없다. 이것이 하나님의 섭리이고 이 세상의 질서이다.

　　그렇다면 우리는 이 사실을 구태여 부정하려거나 거스르려고 하기보다는 이 섭리와 질서에 순응하는 것이 우리들의 마땅한 도리이고 의무이다. 바로 이런 사실을 미리 깨우쳐 주기 위하여 성경이 쓰여졌다. 즉 하나님의 섭리에 순응하는 자가 받을 몫과 하나님의 섭리를 거스르는 자가 받을 몫을 미리 알려주기 위함인 것이다.

죽음에 대하여 성경은 두 개의 길을 제시하고 있다. 그 하나는 하나님의 섭리에 순응하는 삶을 사는 자가 가는 올바른 죽음의 길이요, 다른 하나는 하나님의 섭리를 거스르는 자가 가는 잘못된 죽음의 길이다. 전자는 이 세상너머 저 세상의 영원한 생명과 행복을 택하는 길이요, 후자는 저 세상의 영원한 죽음과 형벌 그리고 영원한 불행을 택하는 길이다.

그러므로 우리 모두는 이 사실을 안 지금 바로 이 순간부터 이 사실을 깨달아야 한다. 그리고 영원한 죽음의 형벌과 불행의 길보다는 영원한 생명과 행복의 길을 추구할 때 그것이 가장 고상하고 아름다운 죽음으로 가는 길이 될 것이다.

그래서 사랑의 하나님께서는 "사망의 길과 생명의 길을 너희 앞에 두노니 그 선택은 너희들 각자의 몫이다. 하지만 사망의 길을 택하지 말고 필히 생명의 길을 택하도록 하라"고 하시는 것이다. 지금 이 시각에도 보다 더 많은 사람들이 구원받고 당신의 백성 되기를 오래 참고 기다리시며 이미 닫아도 벌써 오래전에 닫아야 했을 천국문을 여전히 활짝 열어놓고 계시는 것이다.

우리는 이러한 하나님의 준엄하신 명령과 사랑 앞에서 아직도 활짝 열려있는 천국문이 닫히기 전에, 해지기 전에, 너무 늦기 전에, 어둠에 쫓겨나 이를 박박 갈며 후회하기 전에 영원한 죽음과 불행의 길인 지옥길이 아니라 영원한 생명과 행복의 길인 천국길을 택해야 한다.

그래서 이 세상 삶의 최고 가치와 보람인 가장 아름다운 죽음을 맞이하는 인생이 되도록 최선을 다해야 할 것이다. 그것이 죽음의 마지막 순간에 회한과 후회를 남기지 않는 가장 보람찬 인생이 되는 것이다.

# 성공은
# 속도가 아니고 방향이다

　　축구 경기에서 볼을 가진 선수가 아무리 빠른 속도로 볼을 차더라도 볼의 방향이 골대를 향하지 않으면 결코 골은 얻을 수 없다. 서울을 가고자 하는 기차가 서울을 향하지 않고 다른 곳을 향하여 달린다면 아무리 빨리 달리고 달리더라도 결코 서울에 도착할 수 없다.

　　우리 인생도 마찬가지다. 아무리 빨리 달린들 인생 종착역에서 승리로 마감하지 못하면 빨리 달려간 의미가 없다. 세상 모든 인류 공통의 화두, 나는 누구인가, 나는 어디로 가고 있는가를 모르면 열심히 뛰어간들 아무 소용이 없다는 것이다. 왜냐하면 사람에 따라, 삶의 목적에 따라, 삶의 의미도 다르고 삶의 질도 달라지기 때문이다.

　　굳이 넓은 의미에서 따지지 않더라도 인간이라면, 적어도 동물과 달리 인간으로 태어났다면, 지금 내가 가고 있는 곳이 어디인가는 알아야 한다는 것이다. 어디로부터 와서 어디로 가고 있는 지를 정확히 알지 못하는 한 아무리 한평생 빨리, 열심히, 그리고 성실히 달리더라도 결코 목적지에 도달할 수는 없다는 말이다.

동으로 가는지 서쪽으로 가는지 목표설정이 안되어 있는데 무턱대고 달려간들 어디로 뛰겠느냐는 원초적인 물음이 누구나 나오게 되어 있는 것이다.

그러므로 무슨 일이든 비록 시간이 좀 걸리더라도 속도가 좀 느리더라도 먼저 정확한 방향을 알고 정확한 목표를 향하여 정확하게 진행하는 것이 보다 중요하고 효과적인 일이다. 그것이 결정되면 어떻게 살 것인가는 저절로 따라오게 되어있다.

대통령이 되겠다는 목적을 갖고 있는 사람이 공부는 안하고 술과 여자로 인생을 낭비할 수는 없는 것이고 과학자의 목표를 설정하고 달려가는 사람이 날마다 음악에 취해 음악감상실만 넘나들지는 않는다는 말이다.

방향을 제대로 잡지 못하고 거저 빨리 달리기만 한다면 혹시 방향이 잘못 되었다는 사실을 깨달았을 때는 이미 너무 멀리 와버렸으므로 원점으로 되돌아가서 다시 출발할 여유와 기회를 영영 놓치고 마는 것이다. 정확한 방향과 목표를 먼저 알고 진행의 속도를 높일 때 그것이 가장 효과적이고 안정적인 성공의 길이 되는 것이다.

그런데 예수님을 섬기는 크리스천들은 한 차원 더 높은 경지의 목표가 있고 한 차원 더 높은 차원의 삶의 목표가 설정되도록 우리의 눈높이가 맞춰져야 한다는 것이다. 성도라면 모두가 그 속에 영원을 사모하는 마음과 행복을 원하는 마음이 있다. 그래서 우리는 아무리 찾아 해매도 이 세상에는 영원한 것도, 참 행복이라는 것도 없다는 것을 아는 사람들이다.

이것은 세상의 지식이나 지혜로는 알지 못하는 높은 차원의 지혜로 알아지는 것인데 이름하여 영적인 사람만이 알아지는 축복인 것이다. 문제는 뻔히 알면서도 이 세상에 영원이 있고 참 행복이라는 것이 있는 것처럼, 이 세상에서 영원과 행복을 추구하는데 급급한 것이 우리의 모순중의 모순이다.

따라서 우리는 우리를 만들어 이 땅에 보내신 우리의 근본이신 하나님께서 우리의 영원한 삶과 영원한 행복을 약속하시고 계시는 그분의 품속을 향하여 열심히 꾸준히 그리고 성실히 달려야 한다. 그곳만이 우리가 가야할 가장 정확한 우리 인생의 최후, 최고, 최선의 목표지점인 것이다. 그리고 그곳이 우리의 영원한 행복과 안식의 동산인 것이다.

# 버리기

지난 15년간 천국 갈 준비하느라고 집안 구석 여기저기, 내 몸속 여기저기, 내 삶의 여기저기에 산더미처럼 쌓아 두었던 세상 쓰레기들을 이제는 가차 없이 버리고 또 버린다.
버려야 깨끗해지고, 버려야 날씬해지고, 버려야 거룩해지기 때문이다. 그래서 아까울 게 전연 없다.

지난해 여름, 우리 곁을 떠난 '토지'의 저자인 박경리 소설가는 "모두 버리고나니 가지고 갈 것이 없어 좋다"고 말하며 세상을 떠났다. 폐암으로 고통 받으며 서서히 인생 정리를 하던 그분이 결국 마지막에 한 일은 '버리기'였다.

그렇다. 창고를 비우지 않으면 새 물건을 쌓을 수 없고, 비만을 태우지 않으면 날씬한 몸매를 가질 수 없다. 죄와 허물을 씻어내지 않고는 깨끗한 영혼을 가질 수 없고, 복을 담을 그릇을 깨끗이 비우지 않으면 새 복을 담을 수 없고, 욕심과 탐욕이 제거된 마음이 아니면 하늘의 은혜와 축복을 담을 수가 없다.

　이 세상은 자칫 나를 쓰레기통으로 만들기에 안성맞춤이다. 먹는 것, 입는 것, 타는 것, 자는 것, 만나는 이와 보이는 것 모두가 나를 욕심과 허세로 끌고 다닌다. 그러나 더 이상 그렇게는 살 수 없다.

　마음을 비우고, 생각을 정돈하고, 뜻을 세운다. 육신의 정욕과 안목의 정욕과 이생의 자랑을 모두 버리는 연습을 한다.

　세상을 떠나기 전 나는 무엇을 버려야할까? 아니, 날마다 버리리라. 세상 것들을… 그리고 이 세상을 천국의 영원한 축복을 담을 그릇을 준비하기 위한 엄숙하고도 장엄한 삶의 한 과정으로 생각하리라.

　올 봄에 세상을 떠난 길상사의 법정스님도 '버리기'의 고수였다. 그분은 살아있을 때 '무소유'를 부르짖었다. 폐암으로 세상을 떠나면서 언론을 통해 공개된 그의 삶의 모습은 그가 쓴 '무소유'의 책을 대변하듯 무소유를 몸소 실천하며 살았던 한 사람이었다.

　유언을 통해 그는 대나무 평상위에 가사 한 장만 걸치고 불교의 전통인 만장도 상여도 거절했다 한다. '무소유'를 비롯하여 '오두막 편지' '말과 침묵' 등 그간 판매하던 모든 책 출판도 접으라고 했다. 아무 것도 남김없이 떠나겠다는 것이었다.

사람이 세상을 떠날 때 누군들 무엇인들 가지고 갈수 있겠는가? 모두 다 두고 가는 것, 그래서 미리 '버리기'를 해야 한다. 모두 다시 한 번 깨닫고 결심해야 하는 것은 '버리기'이다.

나 또한 이 세상 끝나는 그날까지 세상에 남은 것들을 미련없이 버리고 또 버리리라. 그리하여 주님께서 예비해주신 저 천국의 영원한 본향 집에 영원한 새 축복을 쌓고 또 쌓으리라.

## "나의 뇌를 분석해 주세요"

'예수 믿으면 이렇게 좋은 것을…'
매일 매 순간 내 입에서 저절로 흘러나오는 감탄이다.

'예수 믿으면 이렇게 좋은데
왜 모두들 예수를 안 믿는 거지?'
시도 때도 없이 나 혼자서 뇌까리는 독백이다.

'예수 안 믿는 이들은 예수 믿는 것이
어떤 것인지 몰라서 안 믿는 거지.
예수 믿는 것이 이렇게 좋은 줄 알면
예수 믿지 않을 사람 없을 것이다'
나의 안타까운 절규이고 탄식이다.

'예수 믿으면 밥맛이 꿀맛 되고,
잠 맛이 꿀맛 되고, 말씀이 꿀맛 되고,
일 맛이 꿀맛 되고, 공부 맛이 꿀맛 되며,
이유 없는 기쁨과 즐거움, 만족과 여유, 행복과 평화로
마음은 천국이요, 삶이 즐거워 나오는 것이 콧노래요,
죽어서도 천국 가서 영원히 사는데……
이런 맛도 못보고 죽는 자 얼마나 억울할까!
그런데 왜 모두들 왜 예수를 안 믿는 건지 알 수가 없구나'
계속되는 나의 안타까운 절규이고 탄식이다.

보다 더 아쉽고 또 안타까움은
지금 내 마음을 열어서
예수 믿는 것이 이렇게 좋은 것을
저들에게 보여줄 수 없다는 사실이다.
그래서 여기에 나의 유언을 남긴다.

"내가 죽으면 나의 뇌를 분석하여
예수 믿음으로 얻는 평안과 행복,
기쁨과 만족의 원인을 연구하여
저들에게 예수 믿을 이유와 근거를 찾아주세요!"

# 시간

 언제 사형집행을 당할지 모르는 교도소의 무기사형수에겐 아직도 남아있는 시간은 생명이고, 동시에 죽음이다. 왜냐하면 그 간에 면죄부를 받거나 형 집행이 중지되면 생명이 되지만 그렇지 않으면 죽음이기 때문이다.
 사형장으로 끌려가는 사형수들은 사형장으로 가는 동안 몇 번이고 신발 한 짝을 고의로 벗어 발로 툭- 차서 멀리 밀친다는 것이다. 그리고 신발이 벗겨졌다고 우겨댄다. 그리고 단 1분 1초라도 더 살고 싶어서 간수에게 간청을 한다고 한다.
 "간수님! 제 신발 한 짝이 벗겨졌습니다."
 간수는 모든 걸 알면서도 단 1초라도 더 살고 싶어 시간을 끄는 그 사형수의 마지막 가는 길에 호의를 베푼다. 그래서 그를 끌고 던져진 신발 한 짝을 찾아 복도의 끝 쪽을 데려가 준다. 물론 사형장까지 가는데 걸리는 시간은 신부가 웨딩마치에 맞춰 천천히 걷는 것보다도 더 느리고 더 조금씩 발짝을 띤다는 것, 세상에 이보다 더 절박한 시간이 있을까?

집행일이 언제인지 모르고 사는 무기사형수인 시한부 인생에게도 아직 남아있는 시간은 생명이고 동시에 죽음이다. 왜냐하면 남은 시간을 유용하게 사용하여 죽음이후 저 천국에서의 영원히 살 다음 생을 준비하는 인생에겐 영원한 생명이 되지만 그렇지 못한 인생에겐 영원한 형벌과 죽음의 삶이기 때문이다.

병원에서 한 시한부 환자인 엄마가 돌쟁이 자식을 두고 세상을 떠나는 모습. 그것은 차마 쳐다볼 수 없는 모습이다. 강한 진통제 주사의 힘으로 마지막 아픔을 딛고 아들의 돌날, 아들과 마지막 시간을 보내는 그 시간이야말로 금 같은 시간이다.

병원의 배려로 잔치를 벌인 그곳에 초대된 사람들은 모두 눈물로 얼룩진다. 담당 간호사들은 마치 자기의 혈육처럼 마음이 아파서 어쩔 줄을 모른다. 함께 있던 같은 암병동 병실 사람들은 눈물로 온 얼굴을 적신다. 곧 떠나야 할 그들이기에 그들은 남의 일 같지가 않다.

시간은 냉혹하여 멈출 줄도 모르고 기다릴 줄도 모르고 한번 지나가면 다시는 되돌아오지도 않는다. 그러므로 우리는 시한부의 남은 시간을 천국에서의 영원한 생명과 영원한 행복을 얻는데 사용하여야 한다.

그런데 남은 시간의 중요성을 인식하지 못하고 이 세상을 떠나는 순간부터 나와는 아무 상관이 없는 헛되고 헛된 일에 남은 시간을 낭비하는 것처럼 어리석은 인생은 없을 것이다.

그러므로 지혜로운 자는 시간의 중요성을 아는 사람이고 시간을 아껴 쓸 줄 아는 사람이다.

## 축복의 통로

주여! 저 하나로 인하여 여러 사람이 구원받고 주 안에서 행복한 삶을 살수 있다면 저는 기꺼이 주안에서 이렇게 살겠습니다.
― 용서하며 살겠습니다.
― 손해보고 살겠습니다.
― 죽은 자로 살겠습니다.
― 이해하며 살겠습니다.
― 사랑하며 살겠습니다.
― 베풀며 살겠습니다.
― 봉사하며 살겠습니다.
― 구제하며 살겠습니다.
― 희생하며 살겠습니다.
― 감사하며 살겠습니다.
― 선을 이루며 살겠습니다.

― 전도하며 살겠습니다.

    그리고 하나님의 전인 저 자신을 위해 이렇게 살겠습니다.
― 무릎에 힘이 다하는 날까지 기도하며 살겠습니다.
― 눈의 시력이 다하는 날까지 성경말씀을 읽겠습니다.
― 생각이 멈춰서는 날까지 하나님 아버지를 생각하겠습니다.
― 머리가 회전하는 날까지 말씀을 연구하겠습니다.
― 가슴이 싸늘하게 식는 날까지 예수님, 당신을 사랑하겠습니다.

    그리하여 궁극적으로 저의 남은 생을 하나님이 사랑하시는 저들의 축복의 통로가 되겠습니다.
    주의 도움으로 이 모든 것을 실천하며 세상의 빛과 소금으로, 주님의 참다운 제자로, 신실한 주님의 일꾼으로 살기로 결심하오니 저의 마음에 변함이 없게 하여 주십시오.
    먼저 가정에서부터 이 일을 실천하겠습니다. 가정의 축복의 통로로 삼아 주십시오. 동네에서 실천하겠습니다. 이웃에서 실천하겠습니다. 미국에서 실천하겠습니다. 축복의 통로로 써 주옵소서.
    그리고 멀리 고국을 떠나 살고 있지만 마음으로나마 내나라 내 동족에게도 축복의 통로로 사용해주옵소서.

# 감사

- 작은 것에 감사하라 큰 것을 얻으리라.
- 부족할 때 감사하라 넘침이 있으리라.
- 고통 중에 감사하라 문제가 풀리리라.
- 있는 것에 감사하라 누리며 살리로다.
- 많을 때에 감사라라 쌓아져 가리로다.
- 불안할 때 감사하라 평강을 얻으리라.

― 감사는 가장 성숙한 신앙의 잣대이다.
― 감사는 새사람(구원 받은 자)의 인격이다.
― 감사는 기적을 낳는다.
― 감사하는 마음을 가지면 베타엔돌핀이 분비되어 면역력이 높아진다.
― 가장 견고한 믿음의 열매를 맺는 사람은

감사할 줄 아는 사람이다.
— 감사하지 못하는 마음은 병든 마음이다.
— 감사의 분량이 행복의 분량이다(타르고).
— 감사하는 마음을 갖는 것이 스트레스를 제거하는
　　가장 효과적인 방법이다(세리).
— 감사하는 마음은 질병을 치유할 뿐 아니라
　　여러 종류의 바람을 실현하는데 효과적이다.
— 감사하는 마음은 그 자체가 하나님께
　　영광을 돌리는 것이며 가장 존귀한 삶이다.
— 감사할 줄 모르는 인간은 가장 쓸모없는 인간이다(괴테).
— 우리는 매순간을 감사하고 살아야 한다.
　　왜냐하면 우리의 오늘은 어제 숨을 거둔 누군가가
　　그토록 염원하던 내일이기 때문이다.

## "주님, 제 영혼을 맡깁니다"

 5년 전 미국 온지 27년 만에 한국을 방문하고 돌아오는 길이었다. 대한항공 보잉 747이 태평양 상공을 신나게 가로지르고 있을 때 갑자기 기체가 심하게 흔들렸고 뒤따라 기내방송이 나왔다.
 아리따운 여승무원의 다급한 목소리 "악성 난기류 관계로 비행기가 급강하중이오니 모든 승객분들께서는 허리띠를 단단히 조이고 머리를 두 무릎 사이에 넣고 구부리세요"였다.
 기내는 순간 웅성웅성 소리가 났고 모두가 숙연해지고 두려운 기색이었다. 그러나 그때 나의 마음은 너무 기뻤다. 그리고 자연스럽게 나온 기도가 있었다.
 "주님, 제 영혼을 맡깁니다."
 그리고 내 마음은 너무너무 평안 그 자체였고 두려움이나 불안 따위는 전연, 조금도 없었다.

"아, 정말로 예수 믿기 참 잘했구나!"

나는 내 영혼을 맡길 곳을 확연히 확인해보는 순간이었다.

마치 갈 곳을 미리 정해놓은 여행객처럼 내가 이제 곧 가야 할 그곳이 순간 머리에 떠올려졌다. 무슨 귀한 고향의 내 집을 가는 심정이 그럴까? 귀한 보물이 한가득 쌓인 친정집을 찾아가는 기분이 그럴까? 너무나 당당한 기분이었다.

나는 이 평안을 다른 사람들에게 알려주고 싶다. 숨겨놓은 보물을 찾으려면 돌덩이 밑도 들추어보고, 구멍 속도 들여다보고, 썩은 둥지 밑도 파보고, 숲속도 헤쳐 보아야하듯 성경 속에 감추어져 있는 우리의 구원도 말씀을 읽고, 연구하고, 묵상하고, 그 뜻을 헤아리며 찾고 또 찾아야 한다.

성경 전체가 바로 하나님이 인간을 위해 준비하신 'Good News' 복음이다. 구원은 바로 성경의 주인공이시고 우리의 구원자이신 예수님을 찾아 그분과 새로운 관계를 정립하는 것이다. 그리고 그 관계의 정립은 공적인 관계의 정립이 아니라 사적인 친분관계의 정립을 의미한다. 구원은 알맹이지 껍질이 아니며 구원은 보석의 실체이지 보석함이 아니다.

## 꼭 한번 만나고 싶다

가난이 죄였다.
자식을 버리지 않을 수 없었던 어머니
30년 가슴에 묻어온 미안한 마음과 죄스런 마음
"너를 보낸 날부터 오늘까지
단 하루도 너를 잊고 산 적이 없다.
후회와 탄식으로 아려터진 내 가슴
울며불며 통곡하며 30년을 살았다.
죄인인 이 어미, 너를 찾을 용기마저 없었다."

나를 버린 어머니
30년간 가슴에 묻어온 분노어린 원망과 쓰라린 그리움
 "처절한 가난과 고통과 절망에 어미 잊고 잘 살기만 하라며
등 떠밀어 보내신 어쩔 수 없었던 어머니의 심정

내가 자식을 낳아보니 이해가 갔어요, 용서가 갔어요."

지난 30년간 오매불망 사로잡아온 마음의 포로는
오직 죽었을까 살았을까 애타는 염려와
죽도록 그립고 보고 싶은 간절한 마음뿐
그간에 쌓여온 미안하고 죄스러운 마음도,
쓰라린 그리움과 분노어린 원망도,

아직 살아있다는 그 한마디에
그만 흐물흐물 다 녹아내리고 말았다.

이제는 이유 없다.
아무 조건도 없다.
그저 한번 보고만 싶다.

"사랑하는 엄마, 어서 그리운 그 모습 보여 주세요"
"오매불망 잊지 못한 내 새끼,
어서 내 앞에 나타나기만 해다오"
"보고 싶어요, 엄마!"
"보고 싶구나, 내 새끼야!"

어느 누구도 막지 못하는
천륜, 혈육의 정!

그것은 어느 누구도 꺾지 못하는
하나님의 섭리!

# 유언

"결혼은 조상이 되는 것이니 훌륭한 신앙생활을 통하여 훌륭한 조상이 되어 훌륭한 자손이 나올 수 있도록 해야 합니다. 우리는 가정을 위한 영적생활을 통하여 하나님께 축복받는 조상이 됨으로서 자손에게 믿음을 줄 수 있는 조상이 되고 동시에 자손에게 축복할 능력을 가진 조상이 되어야 합니다."

어느 목사님이 결혼주례를 하실 때마다 주례사를 통해서 이렇게 늘 강조하셨다고 한다. 정말로 옳은 가르침이고 꼭 필요한 메시지라고 생각한다. 왜냐하면 하나님으로부터 이 세상에 보냄을 받은 목적과 뜻이 이 한 마디에 모두 함축되어 있기 때문이다.

나는 내가 이 세상에 태어난 것을 얼마나 다행스럽게 생각하는지 모른다. 그것은 내가 이 세상에 태어나서 하나님을 알게 되었고, 믿게 되었고, 또 하나님께 인정받은 영광스런 하나님의 식구가 됨으로써 하나님께 축복받은 조상, 자손에게 믿음을 줄 수 있는 조상이 된 동시에 또한 축복할 능력을 가진 조상이 될 수 있었기 때문이다.

적어도 나는 앞으로 태어날 내 자손들에게 그들의 영생의 보장되신 예수님을 그들의 마음속 깊이 심어줌으로써 그들의 훌륭한 조상이 되고 싶은 것이다. 이미 그들의 조상인 나는 내 자손인 그들에게 다음과 같은 유언을 남긴다.

첫째, 성경의 내용을 똑똑히 알아야 하나님을 모셔도 올바로 모시고 믿음을 가져도 올바른 믿음을 가질 수 있는 것이니 말씀을 열심히 공부할 것.

둘째, 기독신앙은 깨달음이나 지식으로만 알고 있을 신앙이 아니고 그 깨달음과 지식을 실제로 몸과 마음으로 체험하고 경험해야 하는 종교라는 점을 명심할 것.

셋째, 예수님의 십자가 공로에 의하여 구원은 공짜선물이고 누구에게나 이미 다 똑같이 주어져 있긴 하지만 그러나 절대로 값싼 선물이 아니라는 것, 그리고 실제로 그것을 내 것으로 만들지 않으면 나와는 아무 상관이 없다는 사실을 명심할 것.

넷째, 천국은 침노하는 자의 몫이라고 했으니 늦장부리지 말고 하루빨리 회개하여 먼저 성령님을 내 속에 모시고 그분께서 주시는 심령천국에서 하나님으로부터 오는 모든 은혜와 축복을 보다 긴 세월동안 마음껏 누리고 사는 것이 참다운 삶이요, 참다운 행복이라는 사실을 기억할 것.

다섯째, 성숙한 믿음의 열매는 그 은혜를 감사할 줄 아는 것이니 한 가지를 하나님께 감사하면 열 가지를 얻는다는 사실을 염두에 두고 무엇에든지 먼저 하나님께 감사하는 일에 인색하지 말 것. 불행한 일을 당했을 때는 더더욱 감사할 것.

여섯째, 성숙한 신앙인의 삶은 섬김과 나눔에 있다는 사실을 기억하고 늘 내가 받은 은혜를 이웃과 나누는 일과 내가 받은 은혜를 타인을 섬기는 일에 인색하지 말 것. 그것이 바로 내 앞에 축복을 쌓는 것이라는 사실을 잊지 말 것.

일곱째, 은혜를 감사하는 것은 바로 더 많은 사람들로 하여금 아버지의 은혜를 더 많이 알도록 해야 하는 것이므로 전도에 게으르지 말 것.

여덟째, 현실에 닥치는 큰 고통과 시련은 하나님의 축복이 멀지 않았다는 사인이므로 이 고통의 짐을 내가 지겠다고 괴로워하기보다 전지전능하신 하나님께 맡기고 기쁘고 즐거운 마음으로 이 고통의 시간들을 가만히 견뎌내기만 한다면 이 고통이 오히려 큰 축복으로 바뀐다는 사실을 기억할 것.

아홉째, 천국은 확실히 보장되어 있는 곳이기에 조금도 의심치 말고 항상 마음을 세상에 쫓기게 하거나 세상 욕심에 얽매이게 하지 말고 천국가기 위한 사업이 주업이요, 이 세상에서 목숨을 부지하는 일은 부업이라는 생각으로 내 안에 계시는 성령님의 음성에 귀를 기우리고 그분의 인도로 현실에 쫓기는 인생살이를 하기보다 느긋하게 여유 있게 인생을 즐기다 내 영혼이 기꺼이 천국집으로 이사 가는 믿음의 삶이 되도록 할 것.

이상의 유언이 조상인 내가 장차 이 땅에 태어나 살고 갈 내 자손들에게 주는 영원한 축복, 최고의 축복이 될 수 있기를 간절히 바란다.

우리들 하나님을 믿는 사람들은 모두 우리 아버지 되신 하나님과 그분의 말씀을 신뢰하고 따라야 하듯이 적어도 내 자손만큼은 그들 조상이 남긴 이 유언만큼은 절대 믿고 따를 것으로 확신하는 바이다.

왜냐하면 그것은 하나님께서 당신 자녀 된 자들에게 거짓되거나 잘못된 것을 절대로 주실 수 없듯이 이 조상도 적어도 내 후손들에게만은 절대로 나쁜 것을 줄 수 없기 때문이다.

그런 연유로 조상인 나는 이상의 유언을 비롯하여 내가 이 세상에 남기고 가는 나의 모든 글들이 모두 내 후손들에게 믿음을 전하는 가장 훌륭한 유언장이기를 간절히 바라는 바이다.

# 인생

　호랑이에 쫓겨 막다른 순간까지 달려온 사람이 드디어 낭떠러지 절벽을 만났다. 이러지도 못하고 저러지도 못해 진퇴양난에 처한 그는 도리 없이 그 절벽을 뛰어 내리고 말았다.
　한참 절벽을 떨어지던 그는 다행히도 그 절벽에서 자라고 있던 칡넝쿨에 걸리게 되었다. 그래서 그 칡넝쿨에 매달려 정신을 차리고 보니 위쪽에는 호랑이가 '어흥' 하고 포효하며 아래를 내려다보고 있고, 밑을 보니 밑에는 큰 구렁이가 입을 크게 '떡' 벌리고 있는 것이 아닌가! 그런데 또 설상가상으로 어디선지 생쥐 한 마리가 나타나서 그가 매달려 있는 그 칡나무 뿌리를 박박 갉아 먹고 있는 것이었다.
　하도 기가 차서 주위를 둘러보던 중 우연히 위를 쳐다보니 마침 절벽 나뭇가지에 매달려 있는 벌집에서 벌꿀이 한 방울씩 똑똑 떨어지고 있는 것이었다. 돌연 시장기를 느낀 그는 마음을 가다듬고 그 떨어지는 꿀을 받아먹어 보았다.

그런데 그 꿀이 달기가 그지없는지라, 그만 그 꿀맛에 푹 빠져 정신을 잃고 말았다. 그리하여 그는 지금 자기가 어떠한 처지에 처해 있는지도 모르고 오직 입을 크게 벌리고 위에서 똑똑 떨어지는 그 꿀방울에만 계속 정신이 팔려 있는 것이다.

이것이 바로 지금 우리 인생이 처해 있는 처지인 것이다.

지금 죽는다면 영원한 지옥불에 영원히 떨어져 영원한 형벌과 죽음을 영원히 당하는 줄은 꿈에도 모르고 지금 당장 눈앞에 땅따먹기 재미와 세상놀음에 온 정신이 다 팔려있는 인생에 대한 비유이다.

우리 인생이 이 땅에 온 것은 단지 이 땅에서의 삶만을 위한 것이 아니요, 다음 생을 준비키 위하여 온 것이다. 그래서 예수님은 영생이라는 선물을 주시려고 하늘보좌를 버리시고 이 땅까지 그 머나먼 길을 오신 것이고 우리는 예수님으로부터 그 영생이라는 선물을 받으려고 이 땅에 태어난 것이다.

우리 인생은 이 세상에서의 각자의 삶을 통하여 '나는 하나님 앞에 어떤 존재인가? 지금 나는 여기 이 땅에서 나를 만들어 이 땅에 보내신 그분의 뜻에 합당한 삶을 살고 있는가? 따라서 지금 내가 죽는다면 그분으로 인하여 그분의 나라 천국에 입성할 수 있는 자격을 갖춘 자로 살고 있는가를 그분 앞에 철저히 검증

받아야 한다.

　그러므로 우리 인생은 우선은 내 목숨이 내 것이요, 내 삶이 내 것이요, 내 몸이 내 것 같지만 실제로는 내 목숨도 내 것이 아니요, 내 삶도 내 것이 아니요, 나의 존재도 내 것이 아니며, 내가 가지고 있는 모든 소유도 다 내 것이 아니고 하나님의 것이며, 나도 내가 아니요, 하나님의 분신인 것이다.

　내가 하나님을 닮아서 하나님의 분신으로 살 때 내가 이 세상에서 사는 삶의 도리를 다한 삶이 될 것이요, 따라서 그 삶의 결과로 내가 받는 분깃이 바로 천국이요, 천국에서의 영원한 삶이요, 복락이라는 사실을 명심하고 또 명심하여야 할 것이다.

## 복 받는 비결

　　지금은 두 마리가 다 자연사로 이 세상에 없지만 뽀삐와 삐삐는 한 배 동갑내기로 지난 15년간 우리 집 식구들이었다. 그들은 몸집이 작은 푸들로 매우 영리하고 깜찍했다. 우리 가정에 웃음과 기쁨을 선사해 주고 많은 추억을 남기고 간 녀석들이다.
　　지금도 집 앞 화단에 있는 그들의 무덤이 봄이 되면 아름다운 꽃들과 향기로 우리 가족의 가슴을 짠하게 한다. 다른 짐승들과 마찬가지로 그들도 짐승인지라 먹는 것에는 퍽 적극적이었다. 두 놈 다 그러했으나 수놈인 뽀삐보다는 암놈인 삐삐가 좀 더 적극적이었다. 똑같이 먹이를 주면 삐삐는 자기 몫을 금방 먹어치우고 뽀삐 것을 뺏어먹는다.
　　혹시라도 맛있는 케이크 같은 것을 던져 주면 뽀삐는 거세를 한 까닭에 몸이 좀 뚱뚱하고 비대하여 동작이 민첩치 못한 관계로 번번이 깡마르고 잽싼 삐삐에게 뺏기고 만다. 좀 큰 고깃덩어리나 뼈다귀를 던져줄 때면 삐삐가 날쌔게 낚아채 버리므로 뽀삐는 맥없이 우두커니 서서 삐삐가 맛있게 먹는 꼴을 보고만 있다. 그리고는 가서 뺏어 먹을 생각은 하지 않고 '그래 너나 잘 먹어라, 나는 아빠에게 달라고 하면 된다'는 생각인지 내 쪽만 바라보고 한참을 기다린다. 그래도 주지 않으면 달라고 졸라댄다.

그리고 몇 개를 동시에 던져 주면 삐삐가 재빠르게 먹어 치우고 제 것을 또 뺏어가도 개의치 않고 다시 나만 쳐다본다. 나는 뽀삐가 안쓰러워 욕심쟁이 삐삐를 피하여 오히려 뽀삐 에게만 좋은 것을 주기도 한다.

나는 한가한 시골 타운에서 작은 모텔을 경영하고 있다. 경영이라는 단어가 어울리지 않을 정도로 초라하고 규모가 작은 모텔이다. 타운 인구가 1만 3천명밖에 되지 않고 공장이라고는 하나도 없고 오직 소비상품을 파는 가게만 여럿 있는 곳이다. 직장도 귀하고 돈도 귀하다.

모텔에 오는 손님들은 하루 이틀 자고 가는 단기 손님들보다는 주로 주별 또는 월별의 장기 투숙자들로 모텔 방에서 아파트처럼 살고 있다. 직장이 없는 사람들이니까 주로 극빈자 보조금, 불구자 연금, 또는 사회보장을 받는 이들이 많다. 가난한 사람들이 싸구려 모텔 방을 전전하고 있는 것이다.

그들은 제때에 방세를 내지 못하므로 이 모텔에서 며칠, 몇 주 또는 몇 달을 있다가 방세를 떼어먹고 쫓겨나면 또 다른 모텔에 가서 살다가 쫓겨나고 또 다른 모텔로 옮겨간다.

우리 모텔은 이 타운에서 제일 오래된 모텔이고 또 시설도 제일 낡았다. 그래서 고급손님들은 새 모텔로 가고 우리 모텔은 이들이 단골들이다. 그러니 자연 제값을 받을 수도 없고 또 방세를 제때에 내지 않는다고 금방 쫓아낼 수도 없다. 그러니 며칠 아니면 몇 주, 몇 달 걸리기가 일쑤다.

수표가 "내일 오는데", "모래 오는데", "다음 주에 오는데" 하기도 하고, 또는 수표가 분실되었다느니, 수표가 왔다가 되돌아갔는데 재발급을 하겠다고 하니 좀 기다려 달라느니 등 이 구실 저 핑계로 차일피일 미루고 또 미룬다.

나는 다 알면서도 그들에게 속아준다. 그리고 그들이 미루고 미루다 더 이상 미룰 수 없게 되면 밤중이나 또는 주인 모르게 도망가고 만다. 이런 경우, 나는 언제나 우리 뽀삐와 삐삐의 경우를 생각하며 그들에게서 배운 것을 교훈으로 삼는다.

나는 뽀삐가 삐삐에게 먹이를 빼앗길 때마다 오히려 나만 쳐다보고 먹이를 달라고 조르듯이 그들이 방세를 떼어먹고 갈 때도 그 돈이 내 돈이 아니고 하나님의 돈이요, 이 모텔이 내 모텔이 아니고 하나님의 모텔이라고 생각하므로 그들이 방값을 떼어먹는다고 하더라도 속상해 하지 않는다.

뽀삐가 나만 쳐다보고 먹이를 달라고 하듯이 나는 나의 아버지시요, 이 세상 만복의 근원이시며, 나의 든든한 빽이신 하나님만 바라보고 또 바라보는 것이다.

그러기를 어언 19년, 그간 여러 번의 불경기로 인한 경제적 어려움으로 문을 닫는 회사와 가게들이 수도 없이 많았으나 나에게는 하나님의 축복으로 어려운 시기에도 문을 닫지 않고 잘 견뎌낼 수 있었다. 하나님은 실로 복의 근원이셨다.

포도가지가 그 생명을 유지하려면 포도나무에 붙어 있어야 하듯이 나는 복의 근원이신 하나님께 붙어 있음으로써 그 어려운 시기에 모든 재앙과 역경을 뛰어넘어 안정된 삶을 확보할 수 있게 되었던 것이다.

인간인 이상 우리는 누구나 다 복 받기를 원한다. 그러나 그 복은 무조건 원한다고 아무에게나 주어지지 않는다. 왜냐하면 복은 복의 근원이신 하나님의 뜻을 깨닫고 복에 대한 그분의 뜻을 실천하는 자에게 주어지기 때문이다.

따라서 복을 받고자 하는 사람은 무엇보다도 먼저 복의 근원이신 하나님께 붙어있어야 하고, 복에 대한 그분의 뜻이 무엇이며, 어떤 사람들에게 복을 주시고자 하시며, 또 주어진 복이 어떻게 쓰이기를 원하시는가를 간파하여 복 받는 비결을 터득하고 미리부터 복 받을 준비를 갖춰온 사람이라고 하겠다.

실제로 우리는 현실의 여러 경험을 통하여 어떤 사람이 어떤 복을 어떻게 받는가를 듣고, 보고, 읽어서 잘 알고 있다. 즉 복의 근원이신 하나님으로부터 특별한 복을 받은 사람은 누구나 다 하나님의 뜻에 순종하는 사람으로 미리부터 복을 받을 수 있는 복 그릇을 미리미리 준비해온 자요, 또 받은 복을 이웃과 풍성히 나누는 자들이라는 점이다.

그래서 성경에도 받는 자보다 주는 자가 더 복이 있다고 기록하고 있는 것이다. 그러므로 이런 사실을 알고 있는 이상 우리도 평소에 복 받을 그릇을 미리미리 준비하는 한편 이미 받을 복도 보다 더 많은 사람들이 보다 더 행복해지도록 보다 더 많은 이웃과 나누며 살아보자. 또 실제로 내가 더 많이 나누면 나눌수록 보다 더 많은 복이 나에게 주어진다는 사실도 현실 속에서 속속 증명되고 있는 것이다.

경제학자들이 연구하여 발표한 대로 기부와 소득관계를 보더라도 꾸준히 또 열심히 자선활동을 해온 사람의 소득은 그렇지 않은 사람들에 비해 월등히 높았으며 기부액 100달러 당 평균 소득이 375달러가 늘었다고 한다.

그리고 자선활동은 건전한 심신활동을 촉진시키고 긍정적인 인간형성에 큰 도움이 된다고 한다. 자선활동에 적극적인 사람은 직장에서도 더 빨리 진급하는 경향이 있다고 한다.

이렇듯, 줄때 부유해진다는 사실은 개인뿐 만아니라 한 사회나 국가에서도 마찬가지라고 한다. 지난 50년간 미국의 1인당 GDP(국내총생산)가 15%가 늘었는데 기부액은 190%가 늘었으며 소득 100달러당 기부액이 1.47%가 늘었다고 한다.

그들의 계산에 의하면 100달러의 기부는 1,800달러의 GDP 증가를 가져오므로 기부는 애국행위이고 활발한 기부는 국가의 부를 키우고 자선이 바로 경제성장을 불러온다고 봐야 한다.

현재 미국의 기부금은 누가 뭐래도 단연 세계에서 최고이며 어느 나라보다 기부문화에 있어서 슈퍼파워라고 할수 있다. 미국의 민주주의와 자본주의가 세계 어느 나라보다 더 굳건한 토대위에서 승승장구하고 있는 이유는 바로 이러한 미국의 기부와 자선 문화의 영향이 아닌가싶다.

이렇게 볼 때 복을 나누는 것은 복의 근원이신 하나님의 뜻이다. 그러므로 우리는 하나님의 복을 서로 나눔으로 참다운 하나님의 뜻에 동참하는 사람이 되자.

그렇게 할 때 "주라 그리하면 너희에게 줄 것이니 곧 후히 되어 누르고 흔들어서 넘치도록 받을 것이니라"는 약속의 말씀처럼 전지전능하신 약속의 하나님께서 풍성한 복을 후히 되어 누르고 흔들어서 넘치게 채워주실 것이라 믿는 것이다.

# 기도의 마일리지

## 새로운 깨달음

어느 권사님의 간증을 들었다.

"지금까지 제가 한 기도는 '제 남편이 이런 사람이 되게 해주세요. 나에게 유익한 남편, 나를 위해주는 남편, 나를 편안하게 해주는 남편, 내 마음에 꼭 드는 남편, 내 마음을 만족시켜주는 남편, 딴 여자를 보지 않고 나만을 사랑해주는 남편, 나에게 좀 더 다정다감한 남편이 되게 해주세요'였는데 이제는 그 기도가 바뀌어서 오히려 '내가 이런 사람이 되게 하소서. 내 남편에게 유익한 아내, 내 남편을 위하는 아내, 내 남편을 편안하게 해주는 아내, 내 남편 마음에 꼭 드는 아내, 내 남편 마음을 만족시켜주는 아내, 그리고 내 남편을 진정으로 사랑할 수 있는 마음을 주소서' 라고 변했습니다."

그래서일까? 그날 밤 잠자리에 들고자 침대에 누웠을 때 사방 창문이 모두 꼭꼭 잠겨있는데 하얀 광채가나는 가운을 입은 사람의 환상이 침대 옆에 나타났다고 한다. 그리고 그 환상이 한 발짝, 두 발짝, 세 발짝을 옮기자 그 형상이 사라졌는데 바로 그 순간 자기 남편이 잠옷으로 침대로 올라오더라고 했다. 즉 자기 남편이 흰 광채가 나는 가운 입은 예수님의 환상으로 보였다는 것이다.

간증을 들은 나는 다시 한 번 더 확실히 깨닫게 되었다. 즉 그녀에게 남편이 바로 예수님이요, 그러므로 남편에게 봉사하는 것이 바로 예수님을 섬기는 일이란 사실을! 마찬가지로 남편에게는 아내가 예수님일 것이요, 더 나아가 내 이웃과 나 이외의 모든 사람이 다 예수님이요, 그러므로 그들을 섬기는 것이 바로 예수님을 섬기는 일이란 사실을!

그래서 설령 내 마음에 안 드는 사람일지라도 그 시간 나와 함께한 사람이 바로 예수님이시므로 그들을 이해하고 용서하고 사랑하지 않을 수 없다는 사실을! 그래서 나의 원수는 원수가 아니라 바로 예수님이시기에 내가 싫더라도 예수님을 섬기는 마음과 정성으로 원수까지도 사랑할 수 있어야 하고, 사랑하지 않으면 안 된다는 사실을!

그래서 드디어 '원수를 사랑하라'고 하신 예수님의 참뜻을 실생활에서 어떻게 이해하고 실천해야할지를 다시 한 번 다짐한다.

- 나 이외의 모든 사람이 다 예수님이라는 사실을 명심한다.
- 최선을 다하여 내 스스로가 보다 낮아지고, 겸손해지고, 온유해져서 그들 모두에게 겸손과 친절로써 예수님을 대하듯 차별없이 대하여 보다 높고, 깊고, 넓은 하나님의 사랑으로 그들을 존경하고 섬긴다.
- 그들과 더불어 하나님의 은혜를 마음껏 노래하고, 찬양하고, 함께 나눔으로써 이 세상에서도 행복하고 하나님으로부터 '착한 종아 수고했다'는 칭찬도 듣는다.
- 날마다 나 자신을 한 사람의 성숙한 신앙인이 되자고 다짐하고 또 다짐한다.

# 사랑과 용서

만일 기독교 신앙에서 사랑과 용서를 빼버리면 마치 고무풍선이나 다를 바 없을 것이다. 풍선이 곧 터져 없어질 것과 같기 때문이다.

그런 의미에서 진정한 용서는 진정한 사랑이다. 사랑은 용서를 전제로 한다. 진정한 용서가 없는 사랑은 회칠한 무덤과 같은 것이다. 왜냐하면 진정한 용서는 남을 용서하는 것이기 이전에 바로 내 자신을 용서하는 것이기 때문이다.

내가 남을 미워하는 것은 바로 나를 속박하고 구속하는 것이다. 남을 미워하다보면 실제 자기 자신의 마음이 불편하고 아프고 뭔가에 눌려 있는 느낌을 떨칠 수 없는 게 사실이다. 그러다보면 머리도 아프고 혈압도 오른다. 따라서 남을 용서하는 것은 바로 내 자신이 그 속박이나 구속에서 해방되는 것을 의미하기 때문이다. 실제로 남을 용서하고 나면 내 자신이 날아갈 듯 마음이

가볍고 행복을 느낀다.

예수님은 남을 미워하는 것을 살인이라고 말씀하셨다.

상대방을 미워하는 마음이 다스려지지 않을 때 저질러지는 실수가 '살인'이라면 상대편을 미워하는 마음에서 일어나는 내 쪽에서의 분노가 내 자신을 죽일 때 이를 '자살'이라고 말 할수 있을 것이다.

즉, 남을 미워하는 마음의 외부적 표출이 남을 살인하는 것이라면 용서하지 못하는 마음의 내부적 표출을 자살이라고 말할 수 있을 것이다. 욥기 5:2에는 분노가 미련한 자를 죽이고 시기가 어리석은 자를 멸한다고 했다. 그래서 다른 사람의 실수와 허물을 용서하는 것은 바로 나 자신의 실수와 허물을 용서하는 것이다.

사람에게는 누구나 실수와 허물이 따르는 법이다. 완전한 사람은 존재할 수 없고 죄 없는 사람은 한사람도 없다. 그래서 우리는 누구나 다른 사람의 허물을 지적하기 전에 먼저 나의 불완전한 것을 깨달아야 한다는 의미에서 성경은 남의 눈에 티를 보기 전에 내 눈의 들보를 먼저 보라고 하였다.

하나님 안에서는 누구나 사람은 다 한 형제다. 구원받지 못한 자는 불쌍하기 때문에 한 형제요, 구원받은 자는 하나님의 생명을 가졌으니 한 형제이다. 이렇게 한 형제이니 마땅히 사랑해야 하는 것이다.

　용서가 없는 곳에서는 누구나 다 원수가 된다. 용서가 안 된다는 것은 사랑이 없다는 증거이다. 따라서 사랑 없이는 용서가 없으며 그래서 용서는 곧 사랑이다. 사랑의 대상은 모든 만물이다. 모든 만물은 모두 하나님의 창조물이기 때문이다.

　그러므로 하나님 안에서는 모든 사물 일체가 다 하나이다. 그래서 우리가 하나님 안에 있을 때는 모두가 사랑이다. 그래서 하나님은 사랑이시다. 용서와 사랑은 하나님 안에서 모든 만물이 다 하나 되게 하는 것이다.

# 고난의 의미

하나님의 축복은 거저 주어지지 않는다. 축복받을 그릇을 미리 준비한 사람에게 축복을 주신다. 다시 말하면 축복은 축복받을 사람의 몫이라는 뜻이다.

그래서 시험이나 고통을 당할 때 '왜 하필이면 나야? 나에게 무슨 잘못이 있기에 이런 일이 생기는 거야?' 라고 낙심하거나 원망하지 말아야 한다. 오히려 어려운 일이기는 하지만 하나님의 축복이 가까웠으니 그 시험과 고통을 통하여 축복받을 그릇을 미리 준비하라는 신호로 받아들여야 한다.

그러나 그게 그렇게 쉬운 일이 아니다. 마음이 그렇게 쉽게 움직여 주지 않고, 생각이 그렇게 긍정적으로 움직여지지 않는다. 또 사람이기 때문에 일단은 고통과 시련 앞에서 오뚝이처럼 발딱 일어서지지 않는다.

그래서 성경지식도 필요하고 경험자의 산 체험도 경청해야할 필요가 있는 것이다.

하나님은 피할 길을 내지 않고는 결코 시험하시는 일이 없고, 속담에도 하늘이 무너져도 솟아날 구멍이 있다고 했다. 물론 지난날의 허물을 깨닫고 기쁜 마음으로 최선을 다해 현재를 착실히 준비하는 지혜가 있어야 할 일이다.

고난이란 하나님의 참 은혜 속으로 들어가는 '미래 축복의 문'이 넓게 그리고 활짝 열려 있는 증거라고 믿고 나가야 한다.

그러니까 고난이나 어려움이 닥치면 그걸 딛고 일어나는 힘을 길러야 하고 완전히 일어설 때까지 둘레 사람들의 위로도 필요하다.

더욱 필요한 것은 하나님께서 이 고난과 고통, 어려움을 통해서 나를 더 크게 쓰시며 더 큰 축복으로 꼭 함께 하실 거라는 믿음과 확신이 있어야 하는 것이다.

고난극복방법, R-I-S-E를 소개해본다.

* Reduce(죽여라)
- 스트레스를, 갈등을, 부정적인 행동을, 중독성 물질사용을!
* Increase(늘려라)
- 자신에 대한 이해를, 다른 사람들과 좋은 관계를, 자신감을, 건

전한 생각을, 하나님과 함께하는 시간을!

\* Substitute(바꿔라)

- 부정적인 감정을 긍정적인 감정으로, 교만을 겸손으로, 분노를 포용으로, 불안을 평안으로!

\* Elimination(없애라)

- 습관적인 나쁜 행동을, 주관적으로 비판하는 마음을, 반복하는 죄를!

## 십자가의 사랑과 자유

어느 집에 한 하녀가 있었다. 그녀는 종으로 주인을 모시는 처지라 주인이 하는 일이나 주인이 하고자 하는 일에 신경을 쓰지 않을 수 없었다. 따라서 언제나 주인의 비위를 맞추는 일과 주인의 눈치를 살피는 일에 신경을 쓰느라 그녀의 몸은 매인 몸이었고 그녀의 삶은 자유가 없는 속박된 삶이었다.

그러나 시간이 흐르고 세월이 지나는 중에 그녀는 주인과 정이 들고 관계가 깊어져 드디어 그 주인과 결혼을 하게 되었다. 그리고 그 결혼의 결과로 자연 그녀의 신분은 하녀의 위치에서 부인의 위치로 격상되었다.

따라서 이전에 그녀의 신분이 하녀였을 때는 그녀가 하기 싫었던 일도 또 그녀에게 흥미가 없었던 일도 그녀의 주인이 좋아하는 일이라면 그녀의 마음이 내키던 내키지 않던 간에 억지로라도 그 일을 했어야만 했다.

그러나 주인과의 결혼으로 그녀의 신분이 부인으로 격상된 지금은 그녀 자신의 생각과 판단과 결정에 따라서 그녀가 하고 싶은 일도 하기 싫은 일도 그녀 스스로가 알아서 재량껏 자유롭게 할수 있게 되었다.

우리와 하나님과의 관계도 이와 다르지 않다.

실제로는 하나님을 사랑하지도 않는데 그저 율법의 강요나 율법에 얽매여서 억지로 하나님을 섬기는 척하면서 누릴 수 있는 자유를 누리지 못하고 자유가 없는 억압된 삶을 억지로 사는 것은 마치도 하녀가 노예나 종의 신분으로 자유를 억압받고 사는 삶과 조금도 다르지 않다.

그러므로 우리는 우리에게 이렇듯 중요하고도 중요한 자유를 주시려고 또 주신 자유를 마음껏 누리며 살게 하기 위하여 오직 하나뿐인 독생자를 십자가의 희생 재물로 삼아 그 자유의 대가를 완벽히 치르신 한없는 하나님의 사랑을 확실히 깨달아야 한다.

그리고 단연 우리는 마귀에게 종노릇하는 죄인의 신분으로서가 아니라 자랑스런 하나님의 자녀로서 당당하고 고귀한 신분으로 살아가는 것이다.

따라서 우리는 하나님이 허락해주신 귀하고도 엄청난 자유와 권리를 마음껏 누려야 할 것이다. 동시에 그 자유를 허락하신 무한하신 하나님의 은혜를 진심으로 감사해야 한다.

더욱 그의 나라와 그의 의를 좇아 성실하고 의롭고 거룩한 성도의 삶을 살아야 할 것이다.

그것이 예수 믿는 자로서의 참된 가치요 보람이며 성숙한 신앙인의 참 모습이요 참 자세이다.

# 예수비자

예수 믿는다며 교회에 다닌 자가 죽어 천국 문에 왔다.
천사가 그의 신앙 점수를 채점하고 있다.

모태신앙 2점
안수집사 3점
십일조헌금 15점
새벽기도 10점
봉사, 헌신, 10점 등으로 점수를 매기고 있는데,

어떤 사람이 오자마자
'100점' 하고 단번에 문이 열렸다.
왜냐고 물었다.
100% 예수 믿고 왔으므로

자기 공로 0점,
예수 공로 100점이기 때문이라 한다.

구원은 100% 예수 공로만이라야 한다.
반 자기, 반 예수로 양다리 걸치는 것은 안 된다.
단 0.0001%라도 내 공과가 들어가서는 안 된다.
행위로는 구원이 없기 때문이다.
새 포도주는 새 부대에 담아야 하듯
은혜는 은혜로만 되어야 한다.
그러므로 택한 자가 구원을 못 받은 경우도 있다.
이스라엘 족들이다.

그들은 택한 백성이었음에도 불구하고
예수를 죽였기 때문이다.
자기 공과를 내세워
 '내가 천국 못가면 누가 가랴' 하는 자와
 '예수 없이도 거룩하다는 자'는 천국에 가지 못한다.

하나님께 충성하는 것만으로는
복은 받지만 구원은 받지 못한다.

구원은 오직 은혜로만 가능하기 때문이다.
마치 열심히 일하면 돈은 많이 주지만
회사를 물려주지 않는 경우와 같다.

예수님은 경건치 않는 자를 위하여 죽으셨고
경건치 않는 자를 구원시키신다.(롬 4:5; 5:6)

## 불안 · 염려 · 두려움

　인간이 세상을 살다 보면 하나님으로부터, 마귀의 유혹으로부터, 자기의 욕심으로부터 오는 여러 시험에 빠지게 된다. 이러한 시험에 빠지게 되면 사람은 모두 자기 앞에 무슨 일이 일어날지에 불안을 느끼고 염려와 두려움을 갖게 된다.
　이러한 불안과 염려와 두려움을 갖게 되는 그 주체는 바로 우리의 마음이다. 사람이 '몸은 고단해도 마음이 편하면 살이 찐다'는 말은 그래서 생긴 말이다.
　어쨌거나 이러한 불안, 초조, 염려, 근심, 걱정, 두려움이 우리의 생활을 통하여 수시로 우리 마음속에 찾아오게 되어 있고 그것들이 찾아올 때마다 그때, 그때 우리의 마음이 반응하게 된다. 그리고 이때 반응하는 우리의 마음상태는 마치도 우리가 하나님으로부터 시험지를 받은 상태와 같다. 왜냐하면 시험지를 받고 그 마음이 긴장되지 않은 자 없고 두근거리는 가슴을 갖지 않은 자 없기 때문이다.

그런데 이때 우리의 마음상태가 그러한 마음상태가 되도록 영향을 끼치는 그 불안, 염려, 걱정, 근심과 두려움은 바로 우리의 마음속에 하나님을 초청해 들이기 위한 공간을 만든다고 한다. 왜냐하면 하나님은 사랑이시고 사랑이 두려움을 내어 쫓기 때문에 우리가 하나님을 사랑하고 신뢰하면 우리 마음속의 두려움과 불안, 염려, 걱정, 근심이 물러가게 되어있다.

그리고 마음속에 평화와 기쁨과 즐거움과 소망 등 하나님의 속성이 찾아오게 되어 있다. 그것은 그로 인하여 우리 마음속에 하나님을 모셔드려야 되겠다는 필요와 근거와 욕구가 생기기 때문인 것이다.

그래서 보통 우리가 사용하는 말 가운데 '하나님을 경외하라'고 할 때의 그 '경외하다'는 말은 바로 '두려워하다, 무서워하다, 겁내다, 염려하다, 황공하다'는 말이고, 그 말속에 권위가 있고 명령과 질서를 바로 세우는 권세가 있다는 것이다.

따라서 우리 속에 경외하는 마음, 즉 하나님을 두려워하는 마음과 더불어 하나님의 말씀을 권위와 명령으로 받을 마음 없이는 결코 하나님을 올바로 공경하고 올바로 경배하는 행위가 수반될 수 없는 것이다.

이러한 의미에서 불안이나 염려, 걱정, 근심, 두려움은 우리 마음에 고통을 주고 괴로움을 주는 성가신 그 어떤 것들이기보다는 오히려 우리에게 신앙 성숙을 가져다주는 큰 자극제이고 동기이고 자산이며 동시에 하나님의 큰 은혜인 것이다.

## 마음의 평화

사람 치고 마음의 평화를 원하지 않는 사람은 하나도 없다. 그들은 모두가 자기의 마음속이 편안해지기를 원한다. 그래서 그들은 요가를 한다, 여행을 한다, 술을 마신다, 춤을 춘다, 수영을 한다, 운동을 한다, 식이요법을 한다, 음악감상을 한다, 명상을 한다 등 야단들이다.

그리하여 원하는 바를 어느 정도 얻는 것같이 보인다. 그러나 그것은 잠시 잠깐뿐, 환경이나 여건이 바뀌고, 불행한 일이 닥쳐오면 그간 쌓아올린 공든탑은 여지없이 무너지고 만다. 그래서 사실 영원한 마음속의 평화는 있을 수 없다.

그러나 자신에게서 나오는 그 무엇으로 마음의 평화를 얻겠다는 수고를 포기하고, 하나님의 능력에 의지한다면 죽을 때까지 변하지 않는 영원한 마음속의 평화를 얻을 수가 있다. 그것은 누가 무엇 때문에 인간의 마음을 지으셨는가를 알고 나면, 금방 그 이유를 알 수 있는 것이다.

원래 인간의 마음은 하나님 자신께서 그 속에 계시기 위하여 하나님께서 손수 지으신 하나님의 집이다. 즉 인간의 마음은 원래 하나님께만 꼭 맞게 설계되고 하나님께서 들어가셔야만 꼭 맞게 지어진 집이다.

그래서 여기에 하나님이 모셔져야만 우리의 마음이 제 구실을 할 수 있고, 그 속에 평화와 안녕을 얻을 수 있게 되어 있어, 하나님 이외의 그 어떤 것을 넣어도 그것들은 그 마음의 틀에 전혀 맞을 수가 없는 것이다.

그러므로 하나님 이외의 것으로는 아무리 그것을 채우고 또 채워도 언제나 부족하고 불편할 뿐, 결코 만족이란 있을 수 없는 것이다. 많은 사람들은 이 사실을 모르기 때문에 엉뚱한 곳에서 엉뚱한 짓들을 하면서 마음의 평화를 얻겠다고 야단이다. 그러나 결코 그들이 요구하는 것을 얻을 수가 없는 것이다.

그렇다면 어떻게 하면 우리의 마음속에 성령 하나님을 모실 수 있을까?

"너희가 회개하여 각각 예수 그리스도의 이름으로 세례를 받고 죄사함을 얻으라 그리하면 성령을 선물로 받으리니"(사도행전 2:38)

즉, 우리가 하나님 앞에 우리의 죄와 죄인됨을 자백하여 하나님으로부터 우리 죄를 용서받고 성령을 선물로 받으면 우리의 마음속에 평화가 오게 되어 있는 것이다. 그렇게 얻은 평화는 쉽게 없어지거나 흐려지지 않는다.

   그 마음의 평화는 바로 예수님께서 성령으로 우리의 마음속에 들어와 계시기 때문이고 이것이 천국의 영원한 생명을 얻었다는 확실한 보증이고 증거인 것이다.

# 복 있는 자

많은 사람들은 좋은 집, 좋은 차, 좋은 직장, 명예와 권력 등 겉으로 보기에 화려하고 좋은 것을 많이 가지면 복 있는 자라 한다. 더욱 돈이 많아 놀고먹어도 풍덩거리고 살면 대단한 복을 누린다고 생각한다.

그러나 진정한 복은 이와 같은 세상적이고 물질적으로 화려한 것을 얼마만큼 소유하고 있느냐의 그 소유가치에 의하여 결정되는 것이 아니다. 내부적으로 그 사람 속에 무엇이 들어 있느냐, 즉 그 사람의 존재가치에 의하여 결정된다.

그러면 그 존재가치는 무엇으로 결정되는가?

첫째는 그 사람이 사물을 보고 판단하고 분별하는 투철한 안목이요,

둘째는 그 사람을 사람다운 사람으로 살게 하는 고매한 인격이요,

셋째는 그 사람이 고매한 인격자로서 갖추어야 할 거룩한 품성이다.

하지만, 아무리 투철한 안목과 고매한 인격과 거룩한 품성을 가졌더라도 그것들이 단지 이 세상에서의 일시적인 존재가치에 지나지 않아 그 자가 이 세상을 떠나는 순간부터 그 존재가치를 완전히 상실하게 된다면 그 존재가치에 무슨 의미가 있겠는가?
그래서 성경은 말한다.
"불법을 사하심을 받고 그 죄를 가리우심을 받는 자는 복이 있고 주께서 그 죄를 인정치 아니하는 사람은 복이 있도다."
비록 그 속에 죄와 허물과 결점이 있는 죄인이라 할지라도 회개를 통하여 하나님 앞에 돌아오면 하나님으로부터 죄 없는 자로 인정받고 영생구원을 얻으므로 그 존재가치가 이 세상에서 저 세상까지 영원히 계속되는 것이며 그런 자를 복 있는 자라 한다는 것이다.
그러므로 우리는 이 세상에 살 동안 하나님과의 올바른 관계 정립을 통하여 세상을 보는 투철한 안목과, 고매한 인격과, 거룩한 성품으로 무장하여 하나님께 용납 받는 자, 하나님께 쓰임 받는 사람이 되어야할 것이다.
그가 영원한 복을 받는 자이고, 그가 영원한 행복의 소유자이며, 그가 이 세상에서 저 세상까지의 영원하고 확실한 삶의 승리자인 것이다.

물론 그런 승리자가 되기 위해 노력하는 건 우리 인간이 할 일이지만 인간이 할 일은 단지 복 받는 자가 되기 위한 노력만 할 뿐이다. 그 다음은 하나님께서 성령을 통해 직접 우리를 다스리시고 우리의 삶을 참견하시며 마음을 지켜주신다.

그래서 하나님의 자녀는 복 있는 사람이다.

## 기도의 마일리지

　내가 예수님을 영접하고 시카고서 이곳 시골로 내려온 후 15년가량 지났을 때 한국에 계시는 큰형님께서 미국을 방문하셨다. 나는 모텔을 운영하는 터라 모텔에 매인 몸이지만 그렇다고 모처럼 오신 형님께 미국 구경을 시켜드리지 않는다는 것은 도리가 아니었다.
　생각 끝에 나는 전기밥솥과 쌀과 밑반찬을 준비하여 차에 싣고 여행을 떠났다. 이 여행은 내가 시카고서 이곳으로 내려온 후 친척이나 친지들의 장례식이나 또는 그들 자녀들의 결혼식, 참석차 대여섯 번 정도 시카고에 갔다 오는 것 외에는 처음 해보는 장거리 여행이었다. 그날부터 막내 동생이 살고 있는 아틀란타와 플로리다, 워싱턴 DC, 나이아가라폭포 등을 한 열흘간 밤낮없이 운전하며 다녔다.
　그런데 이 여행을 하는 중에 나는 기도의 기적을 경험하게 되었다.

어느 날 한 하이웨이에 들어서자마자 큰 트럭을 따르게 되었다. 한참을 큰 트럭을 따라 운전하다보니 트럭의 속력이 느렸고 또 트럭이 앞을 가리고 있어서 앞을 볼 수 없었으므로 갑갑하여 추월할 필요를 느꼈다. 그래서 트럭 뒤에 바짝 붙어 달리다가 왼쪽으로 나가 추월하기 시작했다.

그런데 이게 웬일일까? 앞에서 차가 달려오고 있었다. 이차선인줄 알고 달렸는데 그게 일차선이었던 것이다. 이미 트럭의 반쯤에서 트럭과 같이 달리고 있는데 앞에 차가 갑자기 나타났으니 얼마나 당황했겠는가? 어찌할 바를 몰라 무의식중에 액셀레이터를 최고 속도로 밟았다.

트럭을 추월했을 때 옆으로 지나친 차와의 거리는 불과 백지 한 장 차이였다고 표현하면 지나친 표현일까! 꼭 죽은 목숨이었다. 간담이 서늘했다. 벌벌 떨렸다. 지금도 그때 일을 생각하면 현기증이 날 정도다.

또 어느 날은 피곤한 중에 거의 졸다시피 하며 어둠속에서 운전을 하고 있었다. 밤이라 다니는 차도 없어서 마음 놓고 한참을 신나게 달리는 중이었다. 그런데 앞에서 갑자기 헤드라이트 불빛이 번쩍이며 어둠속에서 돌연히 차가 불쑥 나타난 것이다. 언덕에서 올라오는 차라 보이지 않았던 것이었다. 찰나 '아, 이제 죽었구나' 하는 생각뿐 정신이 없었다. 앞이 캄캄하였다. 대형사고임이 틀림없다 생각했는데 멀쩡히 지나쳤다. 요행히 또 사고를 면하기는 하였지만 역시 죽은 목숨이었고 간담이 서늘했고 벌벌 떨렸다.

나이아가라폭포를 찾아가는 어느 날이었다. 한곳에 가니 길이 세 갈래로 나타났다. 지도를 볼 시간도 없고 봐도 알 수가 없었다. 이 길일까 저 길일까 망설이다가 이 길이겠지 하고 한 길을 택하여 달렸다. 그런데 이상하게도 가야할 길이 바로 그 길이었던 것이다. 가도 가도 끝없는 미국의 그 황량한 넓은 허허벌판에서 한번 잘못 달리면 정말 큰일인데 대충 잡고 달린 길이 맞아떨어졌다는 건 로토에 당첨된 거와 흡사한 것이다.

또 다른 지점에서도 비슷한 일이 있었는데 거기서도 왼쪽으로 가는 길이 있고 오른쪽으로 가는 길이 있어 어느 길로 가야 하나 머뭇거리다가 한 길을 선택하여 갔는데 역시 그때도 그 길이 가야할 바로 그 길이었다. 온 가족을 이끌고 낯선 길을 달리는 책임자의 그때 그 심정은 경험해본 사람만이 알리라.

그런 심정은 나이아가라에 도착했을 때도 경험했다. 어느 모텔을 잡아야 할까를 생각하다가 '에라 모르겠다' 하고 한 모텔로 들어갔는데 그 모텔이 바로 폭포에서 가장 가까운 모텔이었고 전망도 일부러 찾아도 찾을 수 없을 정도로 완벽한 곳이었다.

나는 이런 여러 경험을 통하여 기도의 위력을 다시 또 한 번 깨닫게 되었다. 내가 시카고에서 이곳으로 내려온 후 계속 성경을 공부하고 연구하면서 글을 쓰고 묵상하고 기도하면서 15년간 쌓고 쌓은 그간의 기도 마일리지가 이 오랜만의 외출에서 하나님의 수호천사의 수호와 안내를 이끌어내는 기적을 낳았다고 나는 믿는다.

그 후 지금까지 수년의 세월이 지나는 동안에도 나는 그때의 아슬아슬하고 간담이 서늘했던 순간이 이따금씩 떠오르곤 했다. 그럴 때마다 나는 또다시 하나님께 감사했고 언젠가는 그 감사의 간증을 독자들과 나누리라고 생각했다.

정말로 하나님께서는 순간순간 천사들을 동원하여 당신의 자녀들을 돌보시고 어떤 환경에서도 믿는 성도를 보호하시는 멋진 분이시다. 그리고 갈 바를 알지 못해 방황하던 이스라엘 백성에게 선지자를 통하여 인도하시던 그 하나님은 오늘날도 갈 바를 구하는 성도들에게 하나님의 방법으로 마땅히 행할 바를 인도해 주시는 참 좋은 아바아버지이심을 다시 한 번 고백한다.

## 날 찾아오신 주

　수년 전 어느 날인가 나는 아침기도 시간에 "하나님 아버지, 아버지께서 이 세상에 보내신 영혼들 중에서 제가 아버지께 '감사합니다'라는 기도를 제일 많이 드리는 사람이 되게 하소서"라고 기도를 했다. 그리고 그날따라 감사가 넘쳐서 '감사합니다' '감사합니다'를 계속했다.
　그런데 계속 반복하다 보니 '감사합니다'가 '감삼니다'가 되는 경험을 한 일이 있었다. 그때 순간적으로 하나님께 서원을 하기는 했으나 이 서원을 실천에 옮기기는 쉽지 않았다. 그때로부터 나는 이 서원을 실행해 옮기지 못하는 껄끄러운 마음을 늘 금하지 못하고 있던 차 지난 가을에 예방주사를 맞았는데도 지난 두주동안 지독한 독감을 앓았다.
　지난 20여 년간 감기 한 번 안 앓다가 된통 앓게 되니 무척 견디기가 힘들었다. 그간 감기를 앓았던 일이 없었기 때문에 몸속에 감기에 대한 면역력이 크게 떨어져 있었던 모양이었다.

　나는 예수님을 구주로 영접한 후로 다른 사람들에게 빚진 것 갚게 해달라는 기도 외에는 단 몇 번도 나 자신을 위한 기도를 해본 기억이 없는데 이것이 내가 교만한 때문이 아닌가 하고 생각해 오고 있었다. 그런데 얼마 전 어느 목사님의 설교를 듣게 되었다.

　하나님께서는 그의 나라와 그의 의를 구하는 자에게는 필요한 모든 것을 더하여 주신다고 약속하고 계시는데 많은 신자들이 기도를 해도 교회, 국가, 민족, 세계를 향한 하나님의 뜻을 구하는 큰 기도를 하지 않고 '하나님 돈 주십시오, 건강주십시오, 이것 주십시오, 저것 주십시오'라며 자신만을 위한 시시하고 자질구레한 기도만 하는 것이 어찌 영적이고 신앙적인 건전한 기도라고 할 수 있느냐는 질책에 무척 신경을 곤두세우고 있던 차 고통이 너무 심하고 견디기가 하도 힘들어서 나도 모르게 "주님 너무 아픕니다. 어떻게 좀 해주십시요" 하고 나도 모르게 하소연을 하게 되었다. 그런데 그때 어쩐 일인지 찬송가의 첫머리의 "주님, 주님, 주님, 주님" 하고 주님을 부르는 것이 멜로디가 되어 저절로 나왔다.

　평소에 주님의 은혜를 늘 감사는 하고 있었으나 기도 때마다 그저 "감사합니다"라는 한 마디로 때우다보니 이 감정을 진심

기도의 마일리지

으로 표현할 길이 없어 늘 안타깝고 아쉬운 마음이었는데 오늘 아침 기도에서 "주님, 주님, 주님, 주님" 하고 리듬을 넣고 주님을 부르는데 금방 또 "고맙고 감사해요" 가사가 리듬과 함께 따라 나왔고 또 그 다음 가사와 리듬도 저절로 따라 나와서 단번에 이 찬송이 완성되었다.

　그래서 이 찬송은 내가 시간과 공을 들여서 일부러 가사를 쓰고 곡을 붙여서 탄생한 찬송이 아니고 '그래 찬송은 소리로 드리는 예배다. 내가 너에게 이 찬송을 줄 테니 마음껏 부르고 또 불러서 하나님께 감사 기도를 어느 누구보다 많이 드리도록 하라'시며 주님께서 가사와 동시에 곡도 단번에 허락하신 것 같다고 느꼈다.

　어쨌든 이 찬송가를 앞에 놓고 몇 번 계속 불러보니 감동의 눈물이 강같이 흘렀고 통곡으로 이어져 혼자서 이 찬송을 부르고 부르며 얼마나 얼마나 울었는지 모른다. 초신자시절 주님을 영접하고 회개한 날부터 찬송가만 들어도, 예수라는 이름만 들어도 얼마나 얼마나 눈물이 나고 서러웠던지 한 2, 3주 동안 내내 울고 다닌 경험이 있었는데 지금 내 자신이 지은 찬송가를 앞에 놓고 불러보니 너무 너무 감회가 새롭고 얼마나 얼마나 눈물 콧물이 쏟아지고 통곡이 나오는지…

　나는 나도 모르게 "주여, 어찌하여 이놈에게 이 찬송을 주셔서 이렇게 저를 울리십니까? 저의 눈물이 그리도 그리웠습니까? 저의 눈물이 그리도 아름답게 보였습니까? 그러시다면 이놈에게 지겹도록 눈물과 통곡을 주십시오. 이전에는 죄 때문에 울었지만 이제는 한편으론 주님의 은혜가 너무 고맙고 감사해서 또 한편으론 늘 거저 받기만 했지 아무 것도 해드릴 수 없는 주님 앞에 너무 죄송하고 송구스러운 마음과 또 너무 큰 은혜에 보답하지 못하는 답답한 심령이라 그저 울고 울고 또 울고 울기만 할게요. 주님!" 하고 기도를 드렸다.

주님 주님 주님 주님 고맙고 감사해요
날 살리려 그 먼 길 마다하지 않았나요
벌레만도 못한 이놈 무엇이 좋아서
그 험한 가시밭길로 날 찾아 오셨나요.

주님 주님 주님 주님 고맙고 감사해요
날 구하려 그 먼 길 마다하지 않았나요
벌레만도 못한 이놈 무엇이 좋아서
그 험한 자갈밭길로 날 찾아 오셨나요.

주님 주님 주님 주님 고맙고 감사해요

날 건지려 그 먼 길 마다하지 않았나요
벌레만도 못한 이놈 무엇이 좋아서
그 험한 골고다길로 날 찾아 오셨나요.

주님 주님 주님 주님 고맙고 감사해요
날 위하여 그 먼 길 마다하지 않았나요
벌레만도 못한 이놈 무엇이 좋아서
그 험한 십자가길로 날 찾아 오셨나요.


**The Lord Came to me**

Lord Lord Lord Lord be thankful and grateful
To Save me the far-off way didn't you decline
This chap worse than a bug what did you like
Through the rugged Way of thorn did you Come to me!

Lord Lord Lord Lord be thankful and grateful
To rescue me the far-off way didn't you decline
This chap worse than a bug what did you like

Through the rugged way of gravel did you Come to me!

Lord Lord Lord Lord be thankful and grateful
To Spare me the far-off way didn't you decline
This chap worse than a bug what did you like
Through the rugged way of Calvary did you Come to me!

Lord Lord Lord Lord be thankful and grateful
For the sake of me the far-off way didn't you decline
This chap worse than a bug what did you like
Through the rugged way of Cross did you Come to me!

## 아름다운 신앙

어느 할머니께서 건강이 좋지 않아 병원을 찾았다. 할머니를 진찰하던 의사의 손에 할머니 목에서 큰 덩어리가 잡혔다. 주의 깊게 검토해보니 갑상선암이었다. 그래서 의사가 할머니에게 말했다.

"할머니, 갑상선암입니다."

그러나 할머니로부터는 아무 반응이 없었다.

의사는 할머니가 연세 관계로 귀가 어두워서 잘 알아듣지 못하신 줄 알았다. 그래서 의사는 다시 한 번 큰소리로 외쳤다.

"할머니 갑상선암이라니까요."

그러나 할머니는 암이라는 소리를 알아들은 듯 한대도 여전히 무표정한 채로 아무 반응이 없었다. 의사는 답답하다는 듯 다시 할머니께 소리를 높였다.

"할머니 '암' 이라는데도 어찌 그리 태연하십니까? 걱정

안 되세요?"

그제야 비로소 그 할머니는 말했다.

"걱정은 무슨 걱정요. 여태까지 살아있는 것만 해도 감사한 일이지요. 뭐 지금 죽으면 천국가면 되고, 다행히 주님께서 고쳐 주시면 아직 할일이 남아 있는 줄로 알고 신앙생활 열심히 하다 주님께서 부르실 때 가면 되지요."

이에 의사는 생각한다.

'교회에 다니는 사람들은 다 그러한가?'

놀라움과 큰 감동을 받은 의사는 신앙의 도전 또한 컸다.

할머니는 지금도 건강한 몸으로 열심히 신앙생활을 하고 있다.

어느 선교자가 아프리카에서 수년간 선교를 하고 희년을 맞아 고향으로 돌아오는데 마침 해외 순방에서 돌아오던 그 나라의 대통령과 한 배를 타고 오게 되었다.

배가 부두에 도착하자 배에서부터 육지까지 붉은 융단이 깔리고 군악대의 장엄한 음악이 우렁차게 울려 퍼지는 가운데 조정의 대신들이 양 옆으로 쭉 늘어서서 대통령과 수행원들을 열렬히 맞이하는 성대한 환영식이 거행되었다.

그러나 그 환영식이 끝나고 선교사가 내릴 때는 개미 한 마리도 반기는 자가 없었다. 그래서 쓸쓸하고 울적한 기분을 참을 수 없었던 그는 눈물을 흘리며 한참을 울다가 하늘을 향하여 울부짖었다.

"하나님, 이놈이 여태까지 수년간 아프리카의 사지에서 목숨 걸고 죽을 고생하며 선교하느라고 큰아들 잃고 작은아들 잃고 마누라까지도 잃고 이렇게 혼자 오는데 개미 한 마리도 맞아 주는 자가 없으니 이게 뭡니까?"

"이거 너무 불공평한 것 아닙니까?"

그때 하늘에서 하나님의 음성이 들려왔다.

"사랑하는 아들아 섭섭히 생각지 말거라. 너는 아직 집에 온 것이 아니야."

"네가 너의 사명을 다하고 나에게로 오는 날 내가 하늘의 천군천사들과 하늘나라 악대로 너를 성대히 맞아주마."

"내가 너에게 착한 종아, 수고했노라고 칭찬하며 너의 머리에 생명의 면류관을 씌워줄 것이다."

"상심 말고 힘 내거라. 내 아들아!"

그 선교사는 희년을 마치고 기쁜 마음으로 아프리카로 달려가서 남은 사역을 성실히 마무리한 것은 두말할 나위가 없다. 그는 실로 빛나는 순종을 통하여 하나님의 마음을 크게 기쁘게 해 드린 참으로 거룩한 성도였다.

누구나 남의 아름다운 일을 보면 그저 고개 한번 끄덕이면 그만이다. 그런데 자신을 거기에 대입해 보면 과연 나는 하나님 앞에서 몇 점짜리나 될지 고개가 숙여진다.

요즘처럼 선교를 부르짖으며 방학 때가 되면 선교지로 향하는 젊은 학생들부터 장년 노인들에 이르기까지 연중행사처럼 각 교회나 단체들이 난리인 때도 일찍이 없었다.

그 단기 선교사들이 다녀온 그 며칠이 정말로 현지인과 그곳 선교사들에게 도움이 된다고 말할 수 있을까?

선교지에 다녀온 그들 단기 선교인들은 과연 하나님 앞에서 어떤 부름을 받고 어떤 응답을 듣고 어떤 비전을 품고 다녀온 것일까?

해마다 여름이면 왁자지껄한 공항에서 참으로 많은 걸 생각하며 씁쓸할 때가 많았다. 단지 정상적인 선교에의 뜨거움과 부름으로 달려가는 진짜 선교사들에게 누가 되지 않기를 바랄뿐이다.

그리고 갑상선 암선고를 받고도 죽음을 두려워 하지 않고 하나님의 뜻과 사랑을 염원하는 참신앙을 소유하신 할머니처럼 당당한 믿음의 소유자가 되었으면 좋겠다는 생각뿐이다.

# CHAPTER 5
## 내 삶의 몫

# 여호와 이레

한국 기독교방송국 CBS의 '새롭게 하소서'를 통하여 한 간증을 들었다. 간증녀는 대학원 졸업논문 제출을 앞에 놓고 있어서 논문준비에 많은 시간이 필요했음에도 불구하고 매일의 말씀 공부와 전도사역에 필요한 시간과 노력을 이전보다 줄이거나 변경하지 않았다고 한다.

그러던 중 어느 날 그녀에게 놀라운 일이 생겼다고 한다. 그녀가 연구실을 청소하는 중에 무엇이 발에 툭 차이기에 보니 무슨 박스였다고 한다. 무슨 박스일까 하고 호기심에 열어 보니 그 속에 그녀가 졸업논문을 쓰는데 필요한 모든 자료가 다 들어 있더라는 것이었다.

그래서 그 박스의 주인을 수소문하여 전화로 연락을 해봤더니 그는 자신이 논문 쓰는 일을 포기했으므로 그 자료가 더 이상 필요 없으니 쓰레기통에 버려달라고 부탁했다는 것이다. 그리하여 그녀는 그 자료를 수집하려면 많은 경비와 몇 달간의 시간과 번거로운 노력이 필요했을 터인데 그렇게 하여 그 골치 아픈 과정을 거치지 않고 그 자료를 이용하여 수월하게 논문을 작성할 수 있었고 무사히 졸업을 할수 있었다. 그런데 그 해에 졸업논문을 통과한 사람은 자기 학과에서 오직 그녀 혼자뿐이었다는 것이었다.

나는 "그 나라와 그 의를 먼저 구하라. 그리하면 모든 것을 더 하시리라"고 하신 여호와 이레의 하나님을 증거 하는 그녀의 체험간증을 들으면서 많은 은혜를 받았다. 나도 비슷한 경험을 여러 번 했기 때문이다.

나는 불교재단의 고등학교를 졸업하고부터 계속 나 자신을 골수분자라고 자처하며 절에 다니던 중 내 나이 50세가 되던 해에 우연히 하나님께 잡힌 자 되어 혹독한 시련을 거쳐 하나님을 영접하게 되었다.

하나님을 영접하고 3년이 지난 시점부터 간증을 쓰기 시작하여 신앙시와 신앙에세이를 비롯하여 신앙칼럼 등을 신문이나 신앙잡지에 내기도 하고 그 글들을 모으기 시작했다.

그리하여 지금 70세가 될 때까지의 지난 20년간 성경읽기, 말씀연구, 설교테이프청취, 기타 신앙잡지, 기독신문, 신앙참고 서적 섭렵 등을 통하여 성경을 공부하고 체험한 신앙생활의 이모

저모를 19권의 책에 담아 세상에 내어놓게 되었다.

그런데 지금 생각되는 것은, '만일 내가 아무리 열심히 글을 쓰고 또 써서 원고 뭉치를 산더미처럼 쌓아 놓았다고 하더라도 출판할 자금이 없어 출판을 못하고 계속 쌓아놓기만 한다면 복음전도와 선교활동에 무슨 도움이 되었겠는가'를 생각하니 실로 아찔한 생각을 떨쳐 버릴 수가 없었다.

또 지금 새삼 깨달은 바는 '하나님께서는 그 나라와 그 의를 먼저 구하고 하나님의 뜻에 합당한 일의 헌신에는 절대로 절대로 공짜로 일을 시키시지 않더라'는 사실이다.

그간 내가 셀 수 없을 정도의 많은 시간을 투자하여 앞뒤 생각지 않고 무조건 원고를 써 모으고 써 모으는 중에도 전지하시고 전능하신 하나님께서는 나에게 필요 될 것 모든 것을 미리 아시고 책출판에 필요한 자금은 물론이요, 출판사와 출판에 관계되는 모든 문제와 더불어 지금까지 경영하고 있는 이 모텔일과 그간 생활에 필요한 모든 어려운 문제들도 일일이 다 해결해 주셨던 것이다.

생각해보면 나의 경우에는 실로 하나님은 '여호와 이레'의 하나님이셨고 지금도 여전히 '내가 너를 위하여 무엇을 더 해주랴' 시며 필요한 것을 넉넉히 넘치게 채워주시는 여호와 이레의 하나님이시다.

## 내 삶의 몫

어제 죽은 자들에게는 오늘이 그렇게도 살고 싶던 내일이요, 오늘을 사는 자들에겐 내일이 그렇게도 살고 싶은 내일이듯이 오늘 이 세상을 사는 우리에게 내일의 천국 삶은 바로 오늘 이 땅에서 우리가 바라는 내일의 최고 소망이다.

그런데 그러한 영원한 꿈과 소망의 내일이 영원한 안식인 천국에서의 영원한 내일이 아니고 영원한 저주와 불행한 지옥에서의 영원한 내일이라면 얼마나 헛되고 허망한 인생이 되고 말겠는가!

따라서 우리는 이 땅에 있을 때 내 몫의 삶을 알차게 가꾸어 그 내일을 영원한 천국에서의 행복한 내일로 확정지어 놓아야 한다. 왜냐하면 이 땅에 있는 모든 것은 다 순간적이고 다 일시적이기 때문이다. 따라서 시간과 세월이 지남에 따라 다 지나가 버리는 헛되고 헛된 것들이기 때문이다.

그러므로 성경은 이 세상의 헛되고 헛된 것들에 매이지 말고 내 마음에 열정이 있을 때 기쁘고 즐겁게 각자의 분복을 마음껏 누리고 살라고 하셨다. 그리고 그 분복은 하나님께서 나에게 내리신 선물이며 그 선물은 그저 받아서 간직만 하고 있으라고 준 것이 아니라 하나님을 섬기며 이웃과 더불어 기쁘고 즐겁게 살라고 주신 것이기에 마음껏 누리고 즐기며 사는 것이 하나님의 뜻에 합당한 삶이다.

지금 내가 살고 있는 이 땅에서의 나의 마음은 내가 죽어 저 세상에 갔을 때의 내 삶의 모형이요 그림자이다. 그러므로 지금 현재의 내 마음속에 사랑, 희락, 기쁨, 평강 등의 천국백성의 속성이 있다면 그것이 장차 내가 저 세상에 가서 누리고 살 천국의 삶이다.

그리고 지금 현재 내 마음속에 불안, 초조, 시기, 질투 등의 마귀속성이 지배하고 있다면 그것이 저 세상에서 내가 누리고 살 지옥 삶인 것이다. 따라서 이 땅을 살 동안 내 마음을 마귀마음에서 천국백성의 마음으로 필히 만들어 놓아야 한다.

그러기 위해서는 먼저 내가 이 땅에 태어날 때부터 타고난 내 속의 죄를 해결하는 일이요 다음으로는 원래부터 마귀마음이었던 내 마음을 죽이고 하나님의 새 마음으로 다시 태어나는 일이다.

그러면 마귀마음은 어떤 마음이고 하나님의 마음은 어떤 마음인가? 마귀마음은 저세상에서의 지옥 삶에 해당하는 마음이요 하나님의 마음은 저 세상에서의 천국백성의 마음이다.

　이 땅에 살고 있는 모든 인류는 이 두 마음 중 어느 한 가지 마음을 갖고 살게 마련이고 저 세상 갈 때는 이 두 마음 중 어느 한가지만을 갖고 가기 마련이다. 그리고 이 땅에서 저 세상으로 가는 것은 지금 여기 이 땅에서 살고 있는 그 삶을 저 세상의 새 집으로 옮겨 이사 가는 것이다.

　따라서 이 땅에서 그 마음속에 하나님의 마음으로 천국집을 짓고 하나님께서 주신 분복을 마음껏 누리며 천국 삶을 사는 사람은 저 세상에 갈 때 하나님나라 천국 새집으로 이사 갈 것이요 이 땅에서 그 마음속에 마귀의 마음으로 지옥집을 짓고 마귀적 삶을 사는 사람은 저 세상의 마귀나라 지옥 새집으로 이사 갈 것이다.

　그래서 성경은 생명의 근원이 마음이라고 기록하고 있는 것이다.

## 주님을 부르십시오

인생은 고해,
인생살이는 저 피안(彼岸)을 향하여
고해를 헤엄쳐 건너는 것,

그러므로 아무리 훌륭한 신앙을 가진 자라도
가끔은 그 생활이나 삶의 길에서 감당키 어려운
여러 시험과 환난, 고통과 고난이라는
사나운 파도와 풍우를 만나기 마련이다.

지금 그대의 가슴속에 사나운 파도가 일고 있습니까?
지금 그대의 가정에 우환이 줄줄이 밀려들고 있습니까?
지금 그대의 직장에 어려운 일이 생겼습니까?
지금 그대의 삶이 피로증후군으로 시달리고 있습니까?

지금 그대의 인간관계에 금이 가고 있습니까?
지금 그대의 사업체에 검은 먹구름이 뒤덮고 있습니까?

그렇다면 그대는 조금도 주저하지 마시고
지금 당장 바람과 물결을 꾸짖으시고 잠잠케 하시는
우리 주님을 속히 부르십시오.

그리고 그대의 가슴속, 그대의 가정, 그대의 직장,
그대의 삶, 그대의 인간관계, 그대의 사업체…
그 모두를 그분께 모두 맡기십시오.

그리하면 모든 권세와 권능의 주인이시고
모든 지각에 뛰어나신 우리 주님께서
그대에게 일고 있는 그 모든 바람과 파도를
지엄한 권세와 명령으로 꾸짖으시사
그대의 모든 어려운 일과 힘든 일,
그대의 모든 고통과 고난을 잠잠케 하시고
그대의 인생길을 평탄케 하셔서
그대를 저 고해의 피안에 무사히 안착시켜
그대의 영원한 본향, 저 광명의 신천지,

새 하늘과 새 땅에서 영원한 안식과 행복한 삶을
영원히 누리며 살게 해주실 것입니다.

왜냐하면 오직 우리 주님만이 모든 문제의 확실한
해답이고 해결이기 때문입니다.

## 생명의 근원

나는 미국 시골의 한 작은 읍촌에서 조그마한 모텔을 경영하고 있다. 대부분의 손님이 다 그런 것은 아니지만 어떤 손님은 모텔방이 깨끗하냐고 묻는다. 그러면 나는 당당히 대답한다. 도시에 있는 호텔처럼 화려하진 않지만 양심껏 깨끗하게 자주 수리도하고 청소도 잘 하고 있으니까 당연히 내 대답은 자신 있게 나온다.

"물론입니다. 방이 정도껏 깨끗해야 하는 것은 모텔경영의 기본이지요."

그리고 나도 손님이 해야 할일에 대해서 덧붙인다.

"그러나 방이 깨끗한 방이 되느냐 아니냐는 전적으로 손님께서 방을 어떻게 사용하느냐에 달려 있습니다. 손님께서 방을 깨끗하게 쓰시면 깨끗한 방이 되고 손님께서 방을 더럽게 쓰시면 더러운 방이 되고 맙니다."

그렇다. 깨끗한 방도 더럽게 쓰면 더러운 방이 되고 아무리 예쁘고 귀엽게 만들어진 그릇일지라도 더러운 것을 담으면 더러운 그릇이 되는 건 당연지사다. 그러나 좀 낡고 못생긴 그릇이라도 깨끗한 것을 담으면 깨끗한 그릇이 되는 것이다.

사람도 마찬가지다. 아무리 아름다운 얼굴과 잘생긴 외모를 지녔을지라도 그 생각과 행위와 삶이 독하고 천하면 독하고 천한 인간이 되고, 그 얼굴과 외모가 좀 추하고 못 생겨먹은 사람일지라도 그 생각과 행위와 삶이 청결하고 품위가 있으면 청결하고 품위 있는 사람이 된다.

결국 사람이 그 마음속에 무엇을 담느냐에 따라서 어떤 부류의 사람이 되느냐가 결정된다는 얘기이다. 왜냐하면 그 사람의 생각과 행위와 삶이 다 그 사람의 마음에서 비롯하기 때문이다. 따라서 그대와 나, 우리 모두는 우리의 마음의 중요성을 다시 한 번 더 살펴야할 것 같다.

우리의 마음은 하나님께서 그 속에 들어와 사실 목적으로 하나님께서 손수 지으신 하나님의 집이다. 성서는 그래서 우리 몸을 하나님이 거하는 전이라 한 것이다. 그러므로 하나님의 집인 우리 마음속에 하나님을 담고 있으면 그 마음속에서 하나님적인 생각, 행동, 삶이 나오고 그 마음속에 마귀적이고 세상적인 것을 담고 있으면 마귀적이고 세상적인 것들이 나오게 마련인 것이다.

그러므로 마음속에 하나님을 담느냐 마귀를 담느냐에 따라서 우리의 운명이 영원한 지옥이냐 아니면 영원한 천국이냐가 결정지어지는 것이다. 따라서 마음속에 하나님을 담고 하나님적인 삶을 산 사람은 영원한 하나님의 나라를 보장받게 되어있다. 즉, 천국에서의 영원한 복락과 행복한 천국 삶을 보장받는 인생의 최후 승리자가 되는 것이다.

그러나 그 마음속에 마귀를 담고 마귀적인 삶을 산 사람은 영원한 멸망과 저주의 마귀나라로 가게 된다. 즉, 지옥에서 영원한 죽음과 영원한 형벌의 삶을 맞게 되는 것이다. 결국 인생의 최후 실패자가 되고 말 것이라는 말이다.

지옥이란 무엇인가? 그곳은 빠져 도망쳐나갈 수도, 물 한 방울도 입에 댈 수 없는 영원한 불바다가 이글대는 곳이다.

그러므로 살아있는 동안 내 영혼이 영원히 살 곳을 마련해야 할 것임은 두말할 나위가 없다. 그것은 내 마음 그릇에 하나님을 모시고 사는 것이다.

## 아기로 오신 예수

한 교도가 어느 선교사로부터 복음을 들었다.

"예수님은 당신을 구원하기 위하여 보이지 아니하시는 하나님이 보이는 하나님으로 인간이 되어 아기예수로 이 땅에 오신 분입니다."

'다른 길도 많을 텐데 왜 하필이면 그분께서 꼭 인간으로 이 땅에 오시지 않으면 안 되었을까?'

그는 궁금해 하며 길을 가다가 마침 한 농부를 만났다. 농부는 밭을 갈고 있었다. 그런데 아직 갈지 않은 쪽 밭에 수많은 개미떼들이 이리 왔다 저리 갔다 부지런히 그 나름대로 일을 하고 있었다. 조만간 쟁기가 와서 그곳을 파 엎을 터이고 그러면 집이고 목숨이고 한꺼번에 다 날아갈 판국인데도 개미들은 그 사실을 까맣게 모른 채 재미있게 살고 있는 것이었다.

'쟁기가 이곳에 오면 이것들이 모두 다 죽고 말텐데 이들을

어떻게 살리지?'

그는 안타까운 마음에 개미들을 바라보고 말했다.

"이놈들아 저쪽에서 지금 농부가 밭을 갈며 이쪽으로 오고 있어. 곧 너희들의 집이고 생명이고 다 날아가게 생겼어. 어서 도망을 치거라 어서."

아무리 고함을 지르고 또 지르며 독촉을 하고 또 해도 개미들은 전혀 알아듣지 못하고 그저 분주히 움직이며 일만 하고 있는 것이었다. 그는 그 장면을 보며 깨달았다.

'아, 내가 이들에게 아무리 고함을 지르고 질러도 저들이 전혀 알아듣지 못하니 이 안타까운 사실을 저들에게 알려주기 위해서는 내가 저들처럼 개미가 되어 개미의 말로 이 소식을 전해서 이들을 살리는 수밖에는 없겠구나.'

그는 개미들을 통하여 선교사가 전해준 복음의 의미를 깨닫게 되었다. 예수께서 왜 그 영광스러운 하늘 보좌를 버리시고 인간의 몸을 입고 아기예수로 이 땅에 오시지 않으면 안 되었는가를 깨닫게 된 것이다.

하나님께서 이 땅을 내려다보시니 모든 인간이 다 곧 죽어 지옥에 떨어져 영원히 멸망당할 터인데 미련한 인간들은 그 사실도 까맣게 모른 채 죄악에 빠져있는데 하나님은 사랑이시라 마음이 아프셨다. 마귀에게 농락당하여 고생고생하고 있는 인간들이

딱하고 안타까우셨다.

"얘들아 그렇게 살면 너희들이 영원히 다 죽고 만다. 참된 삶을 살거라."

아무리 하늘에서 고함을 치고 쳐봐도 인간들이 전혀 알아듣지 못하고 엉뚱한 짓들만 계속하고 있는지라, 하나님은 저들을 살리는 길은 오직 내가 몸소 인간으로 세상에 내려가서 저들과 같은 인간이 되어 인간의 말로 저들에게 이 사실을 알리는 수밖에 없다고 생각하셨다.

결국 하나님께서 몸소 인간이 되어 예수라는 이름을 가지시고 아기예수로 이 땅에 오시지 않으면 안 되었다는 사실을 그가 깨닫게 되었다는 얘기이다.

## 예수님 때문에

　세계적으로 유명한 한 폐암 연구가인 의사가 폐암으로 죽었다. 그가 폐암으로 죽을 때 '평생에 가장 후회되는 일이 뭐냐'는 질문을 받았다. 그는 자기가 20세 때 담배를 끊지 못했던 것이었다고 서슴없이 대답하며 세상을 떠났다 한다.

　또한 어느 간암 전문의사도 그가 간암전문의사였음에도 불구하고 간암으로 죽었다고 하는데 이 두 경우가 다 그들이 결단한 바를 실행에 옮기지 못하고 살았기 때문인 것이다.

　사실 우리의 삶에 있어서 결단의 실행은 참으로 이렇게 중요한 것이다. 그러므로 우리는 지금 이 시점에 우리의 삶에 있어서 가장 중요한 것이 무엇인지를 먼저 깨닫고 그것을 결단하고 실행함으로써 영원한 인생의 승리자가 되어야 하겠다.

　우리의 이 땅에서의 삶은 저세상에서의 영원한 삶과 영원한 행복을 위하여 지금 여기서 무엇을 하고 살아야 할 것인가, 즉 이 땅에서의 인생살이의 의미와 목적을 깨닫고 그 삶을 결단하고 실천하며 사는데 있다고 하겠다.

사실 나도 이 간단한 사실을 발견하는데 무려 50년이 걸렸다.

50년이나 걸려 발견한 그분은 바로 '예수님'이셨다. 이 예수님의 발견으로 인하여 나는 50이 넘은 나이에 비로소 이 땅의 삶 중에서 제일 행복한 삶을 찾았고 전혀 상상조차도 하지 못했던 마음의 천국, 즉 심령천국을 찾았을 뿐 아니라 그 안에서 내 영혼의 영원한 안식과 평안을 누리게 되었다.

그리하여 나의 삶은 예수님 때문에 가장 가치 있는 삶이 되었고 가장 보람된 삶이 되었고 가장 행복한 삶이 되었다. 예수님 때문에 글 쓰는 것이 어떤 것인가를 알게 되었고 책을 출판하는 것이 어떤 것인가도 알게 되었고 또 책을 출판하여 예수님을 세상에 알리는 것이 얼마나 행복한 일이고 기쁜 일이고 즐거운 일인가도 깨닫게 되었다.

또한 내가 쓴 책을 읽고 감동을 받았다는 많은 영혼들을 이 땅에 남기고 가게 되었기에 나는 보람도 느끼고 예수님 때문에 내가 이 땅에 왔다가 가는 작은 흔적도 남길 수 있게 되었다.

내가 쓴 책을 읽고 어느 선교사님은 개인적으로 그 책을 구입하여 전도용으로 쓰신다는 얘기도 들었고, 어느 미국 목사님은 나의 영어체험시집을 읽고 자신의 설교에 두 번이나 인용 했다고 일부러 전해 주기도 했다. 또 모 교도소에 수감 중인 어느 죄수는 내가 쓴 책을 선물로 받아 읽고 예수님을 영접했다며 편지를 보내오기도 했는가 하면 어느 모텔 손님은 내 책을 읽고 새사람이 되겠다며 자기의 결심을 메모를 남기기도 했다.

눈 오고 비오고 바람 부는 날도 나를 대신해서 내 책자들은 세상을 이리저리 다니면서 쉬지 않고 내가 할일을 대신 해주고 있다는 사실이 얼마나 감사한지 모른다. 내가 알지 못하는 곳에도, 내가 만나지 못하는 이들에게도, 그 책들은 한 결 같이 두루 다니면서 예수님을 증거하고 나의 간절한 마음을 전하며 그 영혼들을 하나님 앞으로 인도하고 있기에 나는 정말로 행복하고 또 행복한 사람이다.

나는 예수님 때문에 가장 행복한 사람이고, 예수님 때문에 가장 큰 삶의 보람을 찾은 사람이고, 예수님 때문에 이 세상에 왔다가 가는 작은 흔적이라도 남기고 가는 사람이 되었다.

그리하여 이제 나는 내가 이 땅에 살 동안에도 또 이 땅을 떠나 저 세상에 갔을 때도 '아, 예수님 때문에 내 인생은 너무 너무 행복한 인생이었고, 즐거운 인생이었고, 기쁘고 보람에 찬 인생이었다'고 당당히 말할 것이다. 그리고 이 모든 은혜를 베풀어 주신 하나님의 은혜를 영원히 영원히 감사할 것이다.

## 예수님을 만나면

— 인생관과 삶의 목적이 바뀐다.
— 하나님의 자녀로 신분이 바뀐다.
— 행복하고 진실하고 참다운 사람이 된다.
— 육적사람이 영적사람으로 바뀐다.
— 인본주의 신앙에서 신본주의 신앙으로 바뀐다.
— 나 중심의 삶에서 하나님 중심으로 바뀐다.
— 하나님의 사랑, 보호, 인도, 긍휼하심을 받는다.
— 하나님의 각종 지혜와 은사와 내적능력과
　외적권능을 받는다.
— 죄와 사망과 영원한 멸망에서 건짐을 받는다.
— 하나님의 거룩한 생명과 성품을 받는다.
— 참다운 삶의 가치의 보람을 찾는다.
— 각종 육체적 정신적 질환에서 해방되어

마음의 천국을 갖게 된다.
— 나쁜 행동, 습관, 삶, 사고방식에서 고침을 받는다.
— 믿음과 영적성장을 통하여 인격이 성숙해진다.
— 사랑, 봉사, 성실의 삶을 통하여
　　이웃, 사회, 국가, 세계평화에 기여한다.
— 밥맛, 잠 맛, 말씀 맛, 공부 맛, 일 맛이 꿀맛 되고
　　생활, 성품, 환경이 바뀐다.
— 나누는 일과 주는 일에 인색하지 않게 되어
　　받는 사람에서 주는 사람으로,
　　이기적인 사람에서 이타적인 사람으로 바뀐다.
— 영원한 지옥운명이 천국운명으로 바뀌어
　　영원무궁한 승리자가 된다.

# 하나님의 방법

— 하나님은 가라지가 알곡에 해가 되는 것을 아시면서도 알곡추수 때까지 가라지를 처리하지 않으신다.
— 하나님은 악인을 아시면서 마지막 때까지 선인과 똑같은 혜택을 베푸신다.
— 하나님은 자녀들의 모든 문제의 해결방법을 다 아시고 계셔서 금방이라도 해결해 주실 수 있음에도 금방 해결해 주시지 않으시고 참고 기다리게 하신다.
— 하나님은 회개를 통하여 죄와 죄인 됨을 자백시켜 용서의 자비로 죄인된 자의 영혼을 구원시키신다.
— 하나님은 사람의 마음을 감동시켜 눈물로 애통하게 하며 그 육체의 병도 고쳐주신다.
— 하나님은 주위사람들의 마음을 움직여 자녀된 자들의 문제를 해결해 주시고 처지를 개선시켜주신다.

― 하나님은 급한 기도는 급히 응답하기도 하지만 대부분의 기도를 듣고 계시면서도 못들은 척 기도응답을 지체하신다.
― 하나님은 노아로 하여금 120년간이나 힘들게 방주를 짓게 하시고 큰 홍수를 통하여 그와 그 가족을 구원하셨다.
― 하나님은 애급을 탈출한 이스라엘 족속들이 20일이면 가나안에 충분히 입성할 수 있었는데도 40년간이나 광야생활을 시키셨다.
― 하나님께서는 복잡한 여러 절차를 거치지 않고서도 단번에 모든 문제를 해결해 주실 수 있음에도 구태여 복잡한 절차를 거치게 하는 것은 언제나 거기에 하나님의 깊은 뜻이 숨겨져 있기 때문이다.
― 하나님께서는 당신의 뜻을 이루시고 당신의 영광을 나타내시기 위하여 가끔은 호되고 복잡한 훈련과 교육과정을 통하여 우리들의 삶에 유익이 되는 말씀, 믿음, 기도, 순종, 인내 등을 가르치신다.
― 하나님은 언제나 우리들에게 가장 유익하고 가장 적합한 해결책을 통하여 가장 최상의 것을 가장 최상의 시기에 가장 최상의 방법으로 해결해 주시기 위하여 여러 가지 복잡한 절차와 수단과 방법을 사용하신다.

# "이형!
# 예수 한번 믿어보십시오"

나는 원래 불교신자였다. 하나님께 못되게 굴다가 하나님으로부터 사랑의 매를 호되게 맞았다. 그러다가 교회에서 성경공부를 시작하게 되었고 기도생활을 열심히 하면서 3개월 만에 크게 회개하게 되었다.

그때 회개할 때 얻은 그 마음의 평화가 지금까지도 변하지 않을 뿐 아니라 언제나 천국에 간다는 확신을 가지고 살고 있다.

내가 불자에서 하나님 품으로 오기 얼마 전 대학후배 장로님과 단 둘이 식사를 하게 되었다. 그 자리에서 그 장로님께서 나에게 하신 단 한마디 말씀이 있었다.

"이형, 예수 한번 믿어보십시오. 예수 믿으면 마음이 편안해집니다"였다.

그 후 나는 예수 믿고 구원받은 지 14년이 지난 지금까지도 그때 그 소리가 귀에 쟁쟁하다.

그 장로님께서 자신이 체험해 보지 못한 말을 그렇게 자신 있게 말씀하실 수는 없었을 것이다. 그 장로님께서 하신 그 짧은 말 한마디가 그때 불교 골수파였고 성경이 엉터리라고 기독신자들과 그렇게도 많이 다투었던 나의 마음을 움직였던 것이다.

아마도 그분은 자기의 경험이 있었기 때문에 그렇게 자신 있게 나에게 권했으리라 생각한다. 그 장로님의 말대로 나는 14년 전 눈물로써 하나님께 회개하고 은혜를 받았다.

그때 받은 그 평강, 기쁨, 만족, 행복감, 마음의 부요함, 구원의 확신 등이 아직도 나에게 변함없이 그대로 지속되고 있는데 예수 믿으면 어떤 경험을 하게 되는지 나의 경험을 다음에 열거해 본다.

1. 주위 여건이나 환경의 변화에 상관없이 언제나 변하지 않는 마음속의 평안을 가진다.
2. 불안, 초조, 공포, 긴장, 불면증, 심장통증 등과 같은 심적 고통과 육체적 고통이 사라진다.
3. 새로운 생명의 기쁨을 누리고 살게 된다.
4. 현재 내가 가지고 있는 것과 처해 있는 상태로 만족하는 마음이 생긴다.
5. 하나님 안에서 그만큼 자유로운 자가 된다.

6. 세상 탐욕에서 벗어나게 된다. 즉 세상 것들은 아무리 좋은 것일지라도 다 불타 없어질 것으로만 보인다.

7. 어떤 고난도 참아 넘길 수 있는 자신감과 인내심이 생긴다.

8. 억울한 일과 손해 보는 일을 당해도 하나님을 먼저 생각하고 분을 참아 넘길 수 있을 정도로 온순해진다.

9. 의를 위한 일에는 담대해진다.

10. 하나님 말씀이 나와 상관이 되고 쉽게 이해가 되며 마치 꿀 송이를 빠는 것과 같이 갈급하고 단맛을 느낀다.

11. 하늘나라에 대한 소속감이 분명해진다.

12. 하나님께서 나의 아버지라는 사실이 저절로 믿어진다.

13. 죄 짓고 싶은 생각이 없어진다.

14. 죽음에 대한 공포가 사라진다.

15. 하루 24시간 내내 저절로 하나님 생각만 하게 된다. 그래서 항상 기뻐하라, 끊임없이 기도하라, 범사에 감사하라는 하나님의 뜻이 저절로 실천된다.

16. 저절로 예수님을 증거하고 싶은 마음이 생기므로 자발적인 전도를 하게 된다.

17. 마음속에 구원의 확신 즉 지금 당장 죽어도 틀림없이 내 영혼이 천국에 간다는 자신감이 온다.

18. 어떻게 하면 하나님을 기쁘게 할수 있을까. 어떻게 하면 한

영혼이라도 더 구원시킬 수 있을까만 생각하게 된다.

그래서 나는 누구에게나 틈만 있으면 "나는 예수 믿고 횡재하여 이 세상 팔자 저 세상 팔자 한꺼번에 모조리 다 고친 자입니다. 예수 믿어 보십시오. 예수 믿으면 밥맛이 꿀맛 되고, 잠 맛이 꿀맛 되고, 일 맛이 꿀맛이 됩니다. 이 세상에서 나보다 더 행복한 사람 있으면 나와 보십시오" 라고 외치는 사람이 되었다.

내가 이런 소리를 자신 있게 할수 있는 것은 이상에서 열거한 믿음의 체험 현상을 통하여 얻은 경험과 변화와 확신의 결과인 것이다. 이런 경험과 변화와 확신은 모두 성령 하나님이 내 속에 와 계시기 때문이다. 그러므로 먼저 성령을 내 속에 모시는 것이 얼마나 중요한 일인지 모른다.

일단 성령이 내 안에 내재하시면 나는 무슨 일이든 저절로 성령에 의해 하나님의 뜻대로 순종하며 살게 되는 것을 의식하게 된다. 물론 내 의지대로 하는 일도 있는데 그럴 때는 금방 성령의 사인을 받는다. 좋은 일을 하고도 마음에 기쁨이 없고 뭔가 일을 처리해 주고도 좋은 소리를 못 듣고… 이런 일을 몇 번 경험하게 되면 성령께서 함께하지 않는 상황을 스스로 의식하게 된다.

그래서 하나님의 뜻대로 사는 일에 점점 익숙해짐을 알게 되었고 지금은 그래서 많이 편해졌다.